poco a poco [포코 아 포코]

조금씩 그리고 점점

황현철

특수교사이며 장애인의 친구입니다.

'삶으로 가르치는 교육'이라는 철학으로 끊임없이 학생들의 삶으로 들어가고자 합니다.

대구대학교에서 특수교육을 전공한 후 연세대학교 교육대학원에서 교육행정을 전공했습니다.

제주도 특수교사 봉사단체인 이음의 대표이며 전문적 학습공동체인 통합교과수업연구회 회장을 맡고 있습니다.

'이음 생각'과 '교육칼럼'을 블로그와 브런치에 연재하면서 소통하기 위해 노력합니다.

가장 좋아하는 일은 특별한 보통 아이들의 하루하루를 지원하고 작은 성공을 응원하는 일이며 이 소박함을 학부모와 나누고 함께 기뻐합니다.

오늘도 조금씩 점점 나아가고 있습니다.

poco a poco[포코 아 포코]

2022년 11월 21일 초판 1쇄 발행

지은이 황현철
펴낸이 김영훈
편집인 김지희
디자인 나무늘보, 이은아, 김지영, 최효정
그린이 조창우
펴낸곳 한그루
　　　　출판등록 제6510000251002008000003호
　　　　제주특별자치도 제주시 복지로1길 21
　　　　전화 064 723 7580 전송 064 753 7580
　　　　전자우편 onetreebook@daum.net 누리방 onetreebook.com

ISBN 979-11-6867-058-7 03370

값 16,000원

오늘, 다시 오늘을 살아가는
특별한 보통 아이들과 부모님,
그리고 특수교사 이야기

[포코 아 포코]

조금씩 그리고 점점

황현철 지음

차례

3부 특수교사의 길

들어가는 말

얼마 전 뜨거운 관심을 받으며 종영한 드라마가 있습니다. 제주도를 배경으로 다양한 삶의 이야기를 다루었던 '우리들의 블루스'가 그것입니다. 혹시 여러분은 '우리들의 블루스'를 보셨는지요? 삶의 끝자락, 절정, 혹은 시작에 서 있는 모든 사람의 달고도 쓴 인생을 응원하는 드라마입니다. 옥동과 동석, 은희와 미란, 영옥과 정준, 인권과 호식 등 드라마의 이야기를 보면서 그 안에 담긴 달콤 쌉싸름한 인생 이야기에 공감하게 되었습니다.

그중에서 특히 저는 다운증후군 '영희'와 청각장애인 '별이'라는 인물의 이야기가 인상 깊었습니다. 두 인물 모두 연기가 아닌 실제 다운증후군과 청각장애가 있는 배우라고 해서 더욱 관심이 가더군요. 드라마를 보던 중 다운증후군 쌍둥이 언니를 둔 동생 영옥의 대사가 가슴에 깊이 콕 박혔습니다.

"억울해, 억울해. 왜 나한테 저런 언니가 있는지 억울해.
왜 우리 부모님은 착하지도 않은 나한테
저런 애를 버려두고 가셨는지 억울해."

영옥의 삶을 깊은 곳까지 세밀하게 알지는 못했지만, 울음 섞인 그 투정이 왠지 이해되고 공감이 되었습니다. 많은 생각을 하게 되는 대사였습니다.

처음 사람을 만날 때 또는 자기소개를 해야 하는 순간이 있습니다. "뭐 하시는 분이세요?" 하고 누군가 물어보면 "네, 저는 특수교사입니다."라고 대답합니다. 그러면 열에 아홉은 "아~ 좋은 일 하시네요."라고 대답합니다. 나머지 하나는 특수교사에 대해 잘 모르는지 고개를 갸웃합니다. 그럼 다시 웃으며 "장애가 있는 학생들을 가르치는 일을 하고 있습니다." 하고 친절하게 대답해줍니다.

그런데, '좋은 일'이란 말이 마음에 늘 걸립니다. 제가 하는 일을 비하하는 것은 결코 아닙니다. 제가 하는 일이 의미 있는 일이기도 하고, 제가 즐거워서 하는 일도 맞는데, 그들이 말하는 좋은 일이 맞는지는 의문이라는 뜻입니다. 왜냐하면 그들이 말하는 좋은 일에는 '봉사', '희생' 뭐 이런 말들이 담겨 있어야 할 것 같아서 말입니다.

장애 자녀 요셉 씨를 키우는 부모님이자 글을 쓰는 작가 최유진 님의 강연을 세바시에서 들은 적이 있습니다. 주변에서 이런 말을 자주 듣는다고 했습니다.

"그렇게 어려운 애를 이렇게 훌륭하게 키우다니 너 정말 천사다."
"네가 그릇이 커서 하늘에서 이렇게 어려운 애를 맡긴 거야."

하지만 그분은 분명하게 본인이 천사도 큰 그릇도 아니라고 했습니다. 그리고 장애 자녀를 키우는 그 누구도 그런 호칭으로 불리고 싶어하지 않고, 그런 말이 결코 위로가 되지도 않는다고 덧붙였습니다. '우리들의 블루스' 속 영옥의 말이 다시 떠올랐습니다.

지금 이 책을 읽으시는 여러분도 혹시 그런 말을 자주 들어보셨는지요? 이 책을 읽고 계신 분들이 장애 자녀를 둔 부모님이신지, 장애가 있는 형제·자매가 있는 분인지, 특수교육을 하고 있거나 하려고 하는 분인지, 그냥 특수교육을 알고 싶어서 처음 접하는 분인지 모르겠습니다만, 이 책에서 그런 '천사', '희생', '봉사'와 같은 이야기를 기대하셨다면 아쉽게도 그런 이야기는 없습니다. 대신 특수교육을 받고 있지만 다른 또래 아이들과 똑같이 각자의 꿈을 키워가는 아이들의 이야기가 있습니다. 어려운 현실에도 불구하고 묵묵히 오늘을 살아가는 부모님들의 이야기도 있습니다. 그리고 그들을 위해 땀 흘리고 고민하는 교사들의 이야기를 조금 더했습니다.

저는 이 책이 대단한 위인의 전기처럼 읽히기를 원하지 않습니다. 대단한 능력을 갖춘 (극소수의) 아이들을 소개하고 '봐라! 장애인도 이렇게 할 수 있다.'라며 (장애인도 저렇게 하는데 사지 멀쩡한 너는~, 같은 방식으로) 기를 죽이고 싶지 않습니다. 희생정신 투철한 부모님을 소개하며 ('자고로 장애 자녀를 키우는 부모님은 이 정도는 되어야지.' 하며) 높은 수준을 제시하고 싶지도 않습니다. 열정적인 교사들을 소개하면서 (이 정도가 특수교사의 클래스야.) 동료 교사들의 입이 떡 벌어지게 하고 싶지는 더더욱 않습니다.

대신 교실에서 일어나는 일상적이고 소소한 이야기들에 웃고, 장애 학생들도 다르지 않다는 것을 알았으면 좋겠습니다. 다양한 부모님들의 이야기를 통해 '다른 사람들도 나와 같구나.', '다른 부모들도 이런 고민을 하는구나.', '선배 부모들은 이렇게 지나갔구나.' 하며 위로받았으면 좋겠습니다. 또 특수교사들의 고민과 노력하는 이야기를 통해 '특수교육은 이런 고민을 하고 있구나.' 특수교육에 대해 조금 더 이해할 수 있었으면 좋겠습니다.

그동안 학교 밥을 먹으며 아이들과 함께한 시간, 함께한 아이들과 부모님들 그리고 동료들의 이야기를 담았습니다. 그러나 고유한 존재인 그들이 나를 중심으로 재해석되어 활자로 남는 것은 결코 쉬운 일이 아니었습니다. 순수하게 제가 직접 경험한 이야기를 바탕으로 조심스럽게 썼습니다. 아이들과 부모님들의 이름은 모두 이니셜로 대신했습니다.

그래서 편하게 읽히기를 기대합니다. 특수학교와 교실을 살짝 엿보시길 바랍니다. 부모님들과 교사들의 생각과 마음을 조금 이해할 수 있으면 좋겠습니다. 때로는 웃음이, 때로는 눈물이 핑 돌지 모르겠습니다. 공감하고 응원해주십시오. 그저 특수교육이라는 이름으로 지금도 운영되고 있는 또 하나의 세계가 앞으로도 계속 잘 돌아가기를, 나아가 특수교육이 우리의 생활과 동떨어진 먼 곳의 이야기가 아니라 우리 곁 보통의 일임을 알아가기를 하는 바람입니다.

2022년 가을
황현철

특별한 보통
아이들

너를 만나 참 다행이야.

Chapter 1

특별한 보통
아이들

　　　　　　　　　살다 보면 문득 떠오르는 것들이 있습니다. 그냥 가만히 앉아 멍하니 있다 보면 자연스럽게 흘러가는 의식의 흐름처럼 말입니다. 때로는 '오늘 바람 참 시원하다.'와 같은 날씨에 관한 생각일 수도 있고, '행복하다', '쓸쓸하다'처럼 어떤 기분일 수도 있습니다. 지나는 사람의 표정을 보며 '좋겠다.', '안됐나', '부럽다'와 같은 느낌일 수도 있고, 때로는 '그땐 그랬지' 하며 떠올린 행복했던 순간일 수도 있습니다.

　누군가 이런 말을 한 적이 있습니다. 그 사람이 어떤 사람인지 알고 싶으면 그 사람의 휴대전화 앨범을 보면 된다고 말입니다. 사진첩에 있는 사진들이 그 사람을 말해준다는 이유입니다. 그 사람이 자주 찍어두고 간직해놓고 싶은 순간이 어떤 것인지를 통해 그 사람을 알 수 있다는 논리입니다. 저도 일정 부분 동감하는 부분입니다. 그럴 수 있겠다는 생각이 들었습니다. 왠지 그 사람의 생각을 살짝 엿보는 것 같아 미안하기도 하고요.

그 말을 들은 후 저는 이따금 재미있는 상상 놀이를 하기도 합니다. 지나는 사람들을 보면서 '저 사람들의 앨범에는 어떤 사진이 많이 있을까?' 하고 상상을 해보는 것입니다. 중년을 넘어선 어른들의 앨범에는 자녀의 사진이 있을 것입니다. 자녀의 웃는 모습과 성장하는 순간들을 잊지 않기 위해 소중하게 담았을 것입니다. 밝게 웃으며 길을 걷는 젊은 여성들의 앨범에는 음식 사진이 가득할지도 모르겠습니다. 사람들은 맛있는 음식, 디저트, 음료를 기억하고 싶어 합니다. 또 개인 SNS 계정에 올리기 위한 용도일 수도 있습니다. 또 빠지지 않는 것이 있습니다. 꽃, 나무, 풍경 사진입니다. 지나가다 길에 핀 예쁜 꽃을 보고 카메라를 꺼내면 나이가 든 것이라고 누군가 그랬습니다.

'내 핸드폰 앨범에는 어떤 사진들이 있나?' 갑자기 궁금한 생각이 들어 꺼내 보았습니다. 가족사진도 있고, 풍경 사진도 있습니다. 맛있는 음식 사진도 있고요. 그런데 그중에서 아이들의 사진이 가장 많습니다. 제가 가르치는 아이들 말입니다. 매년 담임을 했던 아이들의 사진은 월별로 정리되어 있습니다. 앨범을 살펴보며 곰곰 생각해보니 제가 주로 떠올리는 것은 사람이구나 하는 생각이 들었습니다. 문득문득 떠오르는 아이들의 모습 말입니다. 그 사람의 이야기가 사진과 어우러져 특별한 추억을 만들어냅니다. 보고만 있어도 웃음이 나는 사진들입니다.

'스페셜'에 대한 환상

'특수교육'을 사전에서 검색하면 '신체적·정신적·사회적 발달의 장애 등으로 인하여 특수한 교육적 요구를 지닌 아동을 대상으로 하는 교육'[1]이라고 나옵니다. 그리고 영어로는 Special Education 이라고 적습니다. 저는 이 '스페셜 Special'이란 단어가 참 좋았습니다. 제가 처음 특수교육을 선택할 때도 이 특별함에 대한 영감이 있었습니다. 뭔가 대단한 것이란 생각이 들었기 때문입니다. 그래서 어디에 가든지 제가 하는 일과 아이들을 소개하기 위해 '특별한' 이라는 말을 자주 사용했습니다.

하지만 특수교육과 아이들을 조금씩 알아갈수록 어색해졌습니다. 이제는 '특별한'이라는 말을 들으면 불편함을 느낍니다. 왜냐하면 혹시 우리의 기준에서 의미를 부여한 것은 아닐까? 하는 생각이 들었기 때문입니다. 제가 만난 아이들이 원하는 것은 차별받지 않는 보통 아이들이 되는 것인데, 우리는 오히려 특별하다는 이름으로 또다시 구분 짓는 건 아닌지 돌이켜보게 되었습니다. 특별해지고 싶지 않은 아이들에게 억지로 붙여놓은 이름 같았습니다.

장애를 어떻게 표현해야 할까?

'특별함'과 같은 수식어에 대한 논쟁은 항상 있어 왔습니다. 어떤 수식어를 사용해서 장애를 표현할까? 하는 것은 지금도 여전히 풀지 못한 숙제 같은 느낌입니다. 좋은 것을 붙여놓으면 그래도 조금은 덜 미안한 마음이 들어서일까요? 그래서 '특별한'이라는 말을 자주 사용하는지 모르겠습니다. 그런데 조금 더 생각해볼 필요가 있습니다. 꼭 장애가 있는 아이들만 특별한 것은 아니기 때문입니다. 세상에 있는 아이는 누구나 특별합니다. 세상에 단 하나밖에 없는 소중한 존재입니다.

저는 특수교육을 하고 있지만, 특수교육의 특수성만 강조하는 사람이 되고 싶지는 않습니다. 특수교육은 특수성만 있는 게 아니라 보편성도 함께 가지고 있습니다. 특수교육도 교육의 범위 안에 존재합니다. 간과하지 말아야 할 것은 보편성이 인정되어야 진정한 통합이 이루어질 수 있다는 점입니다. 세상을 '장애가 있는 아이들'과 '장애가 있지 않은 아이들'로 나누는 게 아니라 모두 같은 '아이'로 하나가 될 수 있어야 합니다.

이상한 변호사, 우영우

'이상한 변호사 우영우'라는 드라마가 인기를 끌었습니다. 자폐 스펙트럼 장애를 가진 주인공이 등장하는 드라마라 장애, 특히 자폐에 대한 이해를 넓히는 데 도움을 주었다는 점은 인정합니다. 실존 인물[2]을 모티브로 했다는 것도 인상적입니다. 그런데 그 주인공을 꼭 '이상한'이라고 표현해야 했을까요?

이상하다는 말은 평범하다는 말의 반대 의미로 사용되는 것을 고려할 때 일반적이지 않은 변호사라는 의미를 강조했다고 여겨집니다. 그냥 '자폐인 변호사 우영우'나 '변호사 우영우'라고 해도 될 텐데요. 물론 드라마의 제목에 인상적인 요소가 필요하다는 것은 모르는 바가 아니나 듣기에 조금 불편했던 것은 사실입니다. 꼭 '특별한'을 붙여놓은 것과 같은 느낌이었습니다.

특별한+보통=아이들

그래서 저는 '특별한'이라는 말을 떼었으면 좋겠다고 생각했습니다. 아니, 붙여도 괜찮습니다. 그 특별함의 의미가 '이 세상에 있는 모든 아이는 특별해.'라는 의미라면 말입니다. 하지만 '쟤는 보통 아이들과는 다르다.'라는 의미(이상한)의 특별함이라면 사양하고 싶습니다.

어떤 이름을 붙이기 위해 고민하지 않았으면 좋겠습니다. 우리 아이들은 있는 그대로 아이들입니다. 우리 더 이상 구별하지 맙시다. 제 휴대전화 앨범에는 보통의 아이들이 가득합니다. 모두 특별한 보통 아이들입니다. 저부터 분리해서 보지 않기로 합니다. 세상에는 다양한 사람들이 있듯이 누구나 세상의 모든 아이 가운데 하나로 보아주신다면 고맙겠습니다.

Chapter 2

수학이 싫어
음악이 좋아

특수학교에 근무하면서 종종 듣는 질문이 있습니다.

"선생님, 특수학교에서는 어떤 걸(무엇을) 배우나요?"

이런 질문을 들을 때면 잠깐 당혹스럽기도 하고, 잠시 고민이 되기도 합니다. '어떻게 대답을 해드려야 할까?' 하고 말입니다. 제가 그런 질문에 고민하는 이유는 두 가지입니다. 우선, 특수학교의 교육과정에 대해 어느 수준으로 대답을 해 드려야 하는가에 대한 고민, 그리고 특수학교에는 뭔가 대단한 다른 내용이 있을까 기대하고 있는 질문자를 실망하게 하고 싶지 않다는 마음이 그것입니다. 더 곤란한 것은 이 두 가지 고민이 상반된다는 것입니다.

신기한 특수학교?

사람들이 생각하는 특수학교는 어떤 학교일까? 상상해봅니다. 들어는 보았지만 한 번도 가보지 못한 학교, 마치 해리 포터 소설에 등장하는 호그와트[3] 마법 학교 같은 곳일까요? 호그와트 마법 학교는 다니는 학생도, 배우는 내용도, 심지어 등교하는 방법도 특별합니다. 교과목도 특이하고 다니는 학생들도 특이하다면? 특수학교에 등교하는 데 호그와트처럼 킹스 크로스 역의 9와 3/4 승강장 벽을 뚫고 가는 것과 같이 뭔가 특별한 방법이 필요하다면 어떨까 하고 재미있는 상상을 해보았습니다.

물론 질문자를 농락하자는 것은 결코 아닙니다. 특수학교도 학교인데 무엇을 배우는지가 왜 궁금할까 생각하다가 충분히 그럴 수 있겠다 수긍하며 하는 말입니다. 그만큼 특수학교가 열려있는 곳은 아니라는 뜻입니다. 특수학교의 문턱이 더 낮아져야 하는 이유입니다. 누구든 특수학교의 정보에 대해 쉽게 접근할 수 있어야 할 것입니다.

재구성된 맞춤형 교육과정

질문에 대한 대답이 늦었습니다. 대답은 "또래 아이들과 같은 것을 배웁니다."입니다. 물론 수준의 차이는 있습니다만 특수학교에서도 국어와 사회, 수학, 과학, 실과, 음악, 미술, 체육 수업을 받습니다. 뭔가 특별한 교과목을 기대하셨다면 실망하게 해 죄송합니다. 다만 교과별로 수준의 차이는 있습니다. 또 학생의 특성에 따라 내용 선정도 다를 수 있습니다. 교육과정은 교육의 목표를 달성하기 위한 다양한 교육 활동의 기준을 체계적으로 선정하고 조직한 것을 의미합니다.

그렇다면 서로 다른 특성과 교육적 요구를 가진 특별한 보통 아이들에게는 어떤 교육과정이 필요할까요? 모두를 충족시키는 교육과정을 만드는 방법은 없을까요? 해답은 교육과정 재구성에 있습니다. 특수교육 교육과정을 학생 맞춤형 교육과정이라 부르는 이유는 바로 교육과정을 학생에 맞춰 재구성하여 사용하기 때문입니다. 쉽게 말해 교육과정의 내용 체계를 유연하게 하여 특수교사가 학생에게 맞춰 재구조화할 수 있도록 허용하고 있다는 것입니다. 그래서 특수학교에서는 교과(서) 또한 거대한 자료 가운데 하나에 불과합니다. 그래서 특수학교에서는 학생의 수만큼 서로 다른 교육과정이 존재합니다.

수학이 싫어요

"선생님, 수학은 왜 배우는 거예요?"

고등학교 졸업을 앞둔 D가 제게 퉁명스럽게 묻습니다. D는 한

창 직업훈련을 받는 학생입니다. 직업훈련의 과정에는 금전 계산이 포함되어 있어서 교내 카페에서 계산 실습을 하고 있습니다. 수학이 가장 많이 활용되는 계산대를 맡은 D의 입에서 이런 질문이 나온다는 것이 조금 의아했습니다. 계산을 위해서는 수학이 꼭 필요할 것인데요. 제가 생각하기에는 오히려 "선생님, 수학이 이렇게 중요한 건지 미처 몰랐어요."라고 하는 게 더 적절하다고 생각되는데 말입니다. 그러면서 말을 보탭니다. "저는요, 세상에서 수학이 제일 싫어요."

저는 일단 잘 타일러 보자고 생각했습니다. "그래도 살다 보면 다 필요한 곳이 있어." 그러자 제 말에 D가 보태는 말이 가관입니다. "아니, 쌤. '아이스 아메리카노 한 잔이요.' 하면 여기 버튼을 딱 누르면 금액이 딱 뜨고 카드 받아서 딱 꽂으면 계산 끝인데 수학이 왜 필요해요?" 순간 무슨 말인지 어리둥절하다가 D가 가리키는 손을 보고 바로 이해했습니다. 바로 포스기를 보며 하는 말입니다.

생각해보니 D의 말이 조금 이해가 됩니다. 카페에 가면 포스 시스템이 얼마나 잘 되어 있는지 메뉴를 누르기만 하면 금액이 얼마고, 잔돈은 얼마나 내드려야 하는지 알려준다는 것입니다. 게다가 요즘 누가 현금을 내느냐고, 다 카드 계산이라 심지어 잔돈을 줄 필요도 없다고 했습니다. 그런데도 실습 훈련 과정에서는 3,500원짜리 음료 한 잔에 2,000원짜리 쿠키를 주문한 손님에게 만 원을 받았다면 잔돈은 얼마 줘야 할까요? 하는 문제를 풀어야 하고, 거기에 계산기도 사용하지 못하게 하니 말입니다. 이렇게 가르치는 수학이 싫었나 봅니다. 물론 연산은 꼭 필요한 사고의 과정이며 계산을 넘어선 수학적 사고를 하도록 하는 큰 뜻이 있지만, D가 그것까지 알 리는 없지요. 오히려 주문한 것을 잘 기억하고 포스에 클릭을 잘하는지를 평가하면 좋겠다고 합니다. 그건 자신 있다고!

특수교육, 평가를 뛰어넘다

저에게 특수교육 교육과정의 가장 큰 장점을 꼽으라고 한다면 저는 당연히 다양한 평가 방법과 기회 제공을 꼽습니다. 앞서 말한 재구성된 교육과정은 이런 유연한 평가 덕분에 가능합니다. 일반교육과정에서 시행하는 일제고사를 우리는 양적 평가라고 합니다. 일반교육과정에서는 같은 내용을 배우는 것이 매우 중요합니다. 같은 내용을 같은 선생님에게서 배운 후 얼마나 알고 있는지를 평가하여 서열화합니다. 그래서 양적인 평가라고 합니다. 하지만 특수교육과정에서는 배운 내용이 모두 서로 달라서 양적인 평가를 할 수 없습니다. 그래서 각자 배운 내용을 바탕으로 평가를 하게 됩니다. 그게 바로 질적 평가입니다.

언뜻 들으면 뭔가 불공평하다고 느끼실 수 있을지 모르지만 좀 더 깊이 생각하면 오히려 더 공평하다고 이해하실 수 있을 것입니다. 평가는 배운 것을 바탕으로 해야 하는 것이니까요. 학생들의 성취를 개별화된 다양한 방법으로 평가한다는 것, 저는 이것이 특수학교가 가지는 가장 큰 매력 가운데 하나라고 생각합니다. 평가는 무엇보다 '공정'해야 하는 영역이기 때문에 엄격하게 관리됩니다. 하지만 모두 같은 출발점에 서야 한다는 소극적인 공정이 아니라 출발점도 도착점도 서로 다를 수 있다는 적극적인 공정의 시점이 필요합니다. 이것은 '결과뿐만 아니라 과정도 중요하다'라는 특수교육의 철학을 담고 있습니다.

발달에 어려움이 있는 우리 아이들의 경우 개별화된 교육적 요구를 가지고 있습니다. 당연히 출발점은 서로 다를 수밖에 없고 때로는 그 격차가 하늘과 땅일 수도 있습니다. 그래서 평가의 영역 또한 개별화된 요구를 반영합니다. 한 학기 동안 얼마나 성장했는지, 얼마나 발전했는지, 그리고 얼마나 시도했는지까지 모두 평가의 내용이 됩니다. 서로 다른 우리 아이들, 아이들의 활동 하나하나가 성취임이 분명하기 때문입니다.

Chapter 3

점심시간과
편식 지도

맛있는 냄새가 솔솔 피어납니다. 3교시가 지나는 11시 무렵이 되면 학교 급식실에서는 아이들을 위한 점심 준비가 막 마무리되어가고 있습니다. 여러분은 하루 중에 어느 순간이 가장 행복하신가요?

특수학교에서 아이들을 지켜보니 아이들이 가장 좋아하는 시간은 단언컨대 점심시간입니다. 아이들에게 점심시간이 주는 의미는 단순한 밥 이상일 것입니다. 오전 수업을 힘겹게 마치고 나서 맞이하는 한 시간의 휴식이자 친구와 함께하는 놀이의 시간입니다.

등교의 의미, 점심시간

B를 처음 만났을 때, B의 관심은 오로지 점심 메뉴였습니다. 아침에 등교하면서부터 "점심 언제 먹어요?" 묻는 것으로 하루가 시작됩니다. 당연히 B가 몰라서 묻는 것은 아닙니다. 그저 물어보고 또 확인받고 싶은 것이지요. "응, 수학하고, 국어하고, 사회하고, 체육하고 나서 밥 먹을 거야." 친절하게 대답해줍니다. 그럼 시계를 바라보면서 B의 얼굴이 침울해집니다.

질문이 또 달라집니다. "오늘 점심 메뉴는 뭐예요?", "응, 돼지고기볶음과 잡채." 그럼 B의 얼굴이 다시 밝아집니다. 감출 수 없는 미소가 스르르 번집니다. "뭐라고요?" 분명히 들어놓고 또 묻습니다. "돼지고기볶음과 잡채!" 하고 대답을 해주지만 이미 눈동자가 저 하늘을 향하고 입은 웃고 있는 걸 보니 B는 이미 상상 속으로 돼지고기볶음과 잡채를 떠올리고 있는 게 분명합니다.

무엇을 하게 만드는 힘, 동기

그래서 저는 매일 기쁘게 대답해주기로 했습니다. 원하는 것이 있다는 것은 좋은 것입니다. 교육적으로도 매우 중요합니다. 왜냐하면 좋아하는 그것을 가지고 어떤 행동을 배우고 익히도록 할 동기가 생기기 때문입니다. 동기는 무엇인가를 하고 싶게 하는 마음인데 교육에서 가장 중요하게 보는 요소 가운데 하나입니다. 옛말에도 말을 물가로 끌고 갈 수는 있지만 물을 마시게는 할 수 없다고 했습니다. 그만큼 하겠다는 마음이 들지 않고는 할 수 없다는 뜻이지요.

그래서 B와 관련된 학습을 계획할 때는 '점심'이 빠질 수 없습니다. 읽기와 쓰기의 재료는 주로 이달의 점심 메뉴인 경우가 많습니다. 조금 어렵거나 힘든 활동에서도 '점심'은 아주 매력적인 강화물로 작용합니다. "아, 힘들어서 못 하겠어요." 했을 때, "아, 아쉽다. 이것까지 잘 마치면 점심 메뉴에 나오는 선생님 디저트를 너 주려고 했는데." 하면 어느새 그 말이 끝나기도 전에 언제 그랬냐는 듯 다시 연필을 붙잡고 있는 B를 발견합니다. 얼마나 사랑스럽고 귀여운 모습인가요? 특수교육을 하면서 이런 아이들의 모습을 보면 행복감이 듭니다. 이토록 순수한 아이들이라니요.

기분을 조절하는 요소, 바로 점심 메뉴!

(급식 때문에) 학교에 오는 모든 날을 좋아하는 B지만, 특히 더 기다리는 날이 있으니 바로 수요일입니다. 왜냐하면 수요일에는 맛있는 메뉴가 자주 나오기 때문입니다. (모든 학교가 그런지는 모르겠지만) 제가 근무했던 학교들은 모두 수요일에 맛있는 메뉴가 많이 나왔습니다. 예전에는 '잔반 없는 날' 같은 프로그램도 있어서 수요일

"괜찮아"

에는 잔반을 모으는 통이 없던 때도 있었습니다. 그래서 아이들이 남기지 말라고 좋아하는 메뉴가 자주 나왔습니다. 또 '외식체험의 날' 같은 행사도 주로 수요일에 진행되었습니다. 그래서 B에게 수요일은 맛있는 점심 나오는 날로 기억된 모양입니다.

그런데 학교의 점심 메뉴가 항상 맛있는 것만 나올 수는 없는 법입니다. 맛있는 메뉴가 나오는 날이 있으면 당연히 맛없는 메뉴가 나오는 날도 있습니다. 다양한 재료를 가지고 골고루 식단을 짜다 보면 때로는 내가 잘 먹지 않는 메뉴가 나올 때도 있게 마련입니다. 그런 날은 B가 기분이 나쁜 날입니다. 아무리 점심을 좋아한다고 해도 점심시간이 항상 만족스러울 수는 없습니다. 때로는 B가 아침부터 화가 난 채로 등교할 때가 있습니다. 그런 날은 대부분 점심 메뉴가 B의 마음에 들지 않는 날입니다. 그런 날에는 점심시간을 기다린다고 노래도 하지 않으며, 메뉴를 입 밖으로 꺼내지도 않습니다. 점심시간에도 식당에 내려가기는 하지만 식판을 앞에 놓고 잔뜩 화가 난 듯한 표정의 B와 마주해야 했습니다.

복지관 떡볶이와 김밥 사건

2021년, 우리를 안타깝게 한 사건이 있었습니다. 인천의 한 복지관에서 싫다는 아이에게 떡볶이와 김밥을 먹이다가 사망에 이르게 한 사건입니다. 유족의 국민청원으로 CCTV가 공개되면서 전국민적으로 공분을 사기도 했습니다. CCTV에는 싫다는 표현으로 몸을 뒤로 젖히며 거부하는 아이의 모습과 그 앞에서 아이를 붙들고 억지로 입을 벌려 음식을 먹이는 모습이 그대로 찍혀 있었습니다. 복지관에서는 왜 떡볶이와 김밥을 억지로 먹이려고 했을까요? 제가 그 사람도 아니고, 그 상황에 있지도 않았지만, 조심스럽게 유추해보면 편식을 지도하려는 목적이 아니었을까 생각됩니다. '음식을 가려 먹으면 안 된다.'라는 것이 그들의 논리였을지 모르겠습니다. 아니면 '음식을 남기면 안 된다.'라는 생각이었을지도요.

　제가 영양학적인 정보나 지식은 없어서 잘 모르지만 모든 음식을 골고루 먹어야 성장과 발달에 좋은 것은 분명합니다. 필수 5대 영양소는 우리 몸에 꼭 필요하니 제대로 섭취해야 하지요. 오죽하면 이름도 필수영양소이겠습니까? 그래서 식판에 나오는 음식 또는 간식으로 제공되는 음식을 남기지 말고 다 먹으라고 지도했을 것입니다. 하지만 아이가 싫어하는 그 음식을 꼭 먹이지 않는다고 영양의 결핍을 가져올 것 같지는 않습니다. 지금 아이들의 영양 상태를 고려한다면 말입니다. 그리고 혹시 아이가 극단적인 편식 습관을 지니고 있어 필수영양소의 결핍이 심각하게 우려되는 수준이라면 음식 외에 다른 방법으로도 섭취를 고려해야 한다고 생각합니다.

꼭 모든 음식을 먹어야 할까?

저는 생선을 못 먹습니다. 어릴 때부터 비위가 약해서 비린내가 나는 음식은 냄새만 맡아도 구역질이 납니다. '회'를 못 먹는 저에게 사람들은 "이 맛있는 것을 왜 안 먹어?"라고 묻습니다. 그냥 웃어넘기지만 엄밀하게 말하면 저는 안 먹는 게 아니라 못 먹는 건데 말입니다. 예전에 한번은 먹어보려고 한 점 입에 넣었는데 물컹한 질감과 비린내로 구역질이 나서 혼이 났습니다. 그런 저에게 누가 와서 "이 생선 요리 남김없이 다 먹어."라고 하며 입을 벌려 넣는다면 저는 죽을 만큼 싫을 것 같습니다. 그런데 오이는 좋아합니다. 오이의 시원한 맛이 좋아서 생 오이를 간식으로 먹기도 합니다. 특히 아삭한 식감이 너무 좋아서 긴 오이를 자르지도 않고 통째로 들고 베어 먹을 때도 자주 있습니다. 어떤 사람은 생선은 잘 먹는데 오이는 못 먹습니다. 오이의 어떤 성분이 그들에게는 특유의 쓴맛으로 느껴져 싫다고 합니다.

인천의 그 아이는 아마도 김밥의 어떤 속 재료 또는 떡볶이의 매운맛이 싫었을 수 있습니다. 아니, 싫은 수준이 아니라 생선의 비린내와 오이의 쓴맛처럼 고통일 수 있었을 것입니다. 그런데도 편식 지도라는 이유로 강제로 음식을 먹이려고 하다가 결국 안타까운 목숨을 잃었습니다. 편식 지도도 좋지만 저는 그게 목숨까지 걸 이유까지는 되지 못한다고 생각합니다. 음식을 골고루 먹는 게 좋지만 그렇지 않다고 해서 수업도 빠지게 하고 선생님과 일대일로 앉아 씨름할 문제는 아니라고 봅니다. 그래서 저는 지금까지도 앞으로도 편식 지도는 하지 않을 생각입니다. 먹고 싶을 권리만큼이나 먹지 않을 권리도 소중하기에 존중하기로 했습니다.

잔뜩 화가 난 B를 다시 봅니다. 녀석도 꽤 난감한 표정입니다. 저는 B를 보면서 쿨하게 말합니다.

"괜찮아, 그만 먹어도 돼."

전국에 있는 영양교사연합회 같은 곳이 있다면 저를 미워할지도 모르겠습니다. 세상에 버려지는 잔반이 얼마나 많은지 따지며 물으시겠지요. 지구의 환경이 얼마나 파괴되었는지 지구를 어떻게 살려야 하는지 주장하실 수도 있겠지요. 하지만 잔반의 양을 줄이기 위해 억지로 음식을 먹이는 것을 저는 분명하게 반대합니다. 제가 지구를 사랑하지 않아서가 아닙니다. 저도 미래 환경에 대해 매우 염려하고 있지만, 잔반의 문제에서는 모두 먹어 없애는 방식이 아니라 먹을 만큼의 양만 가져가도록 하거나 아이들의 기호에 맞는 메뉴 개발 등 다른 방법으로 해결해봅시다.

Chapter 4

통학버스와
자가 통학 훈련

신선한 바람이 얼굴에 와닿습니다.
매일 아침 버스정류장에서 통학버스를 기다리는 아이들의 얼굴은
제각각입니다. 보호자와 손을 잡고 예정된 시간에 맞춰 기다리다
가 저 멀리 등장하는 노-란 통학버스를 보면 아이들 눈빛에서 금세
반가움이 솟아납니다. 특수학교에 재학하는 학생들은 대부분 통
학버스를 이용합니다. 이런 통학버스 운행은 학부모님들에게 도
움이 됩니다. 매일 아침과 저녁, 혼자 등하교하지 못하는 아이들을
챙기는 것이 보통 일이 아니기 때문이지요. 게다가 특수학교까지
조금 거리가 있기[4] 마련이어서 아이들을 집 앞에서 보내고 맞이할
수 있는 통학버스는 특수학교에 없어서는 안 되는 소중한 것임에
는 분명합니다.

그럼에도 불구하고 저는 특수학교에서의 자가 통학 훈련을 이야기하고자 합니다. 통학버스가 있는데 웬 자가 통학이냐고요? 자가 통학은 단순히 학교의 등하교에만 국한된 것이 아니기 때문입니다. 한 곳에서 다른 곳으로 이동할 수 있는 능력은 자녀의 독립적인 사회생활의 기본이자 필수적인 능력이 됩니다. 자가 통학 훈련을 해야 하는 이유는 바로 자녀가 영원히 통학버스만 타고 있을 수는 없기 때문이며 이 필수적인 기술을 연습할 수 있는 적기가 또한 재학하는 동안이기 때문입니다.

자가 통학 훈련은 언제부터 시작해야 할까?

그렇다면 언제 시작하는 게 좋을까요? 저는 늦어도 고등학교 1학년에는 시작해야 한다고 생각합니다. 어떤 분들은 전공과 입학 조건에 '자가 통학 가능 학생'이라고 적힌 것을 보고 나서야 부랴부랴 고3 때부터 시작하기도 합니다. 미리 하지 않았다면 그때라도 해야 하는 것은 분명 맞습니다. 하지만 최적의 효과를 위해서는 고등학교에 가는 순간부터 차근차근 시작하는 것을 추천합니다.

그런데 문제는 자가 통학 훈련을 하려고 하면 교사뿐만 아니라 가족까지 모두가 힘을 합쳐야 한다는 것입니다. '용기'가 필요합니다. 걱정이 되기도 하면서 귀찮기도 합니다. '그냥 아침에 학교 버스 태우면 되는데 왜 굳이 일반 버스 타는 걸 배워.'라고 하실 수도

"다녀오겠습니다"

있습니다. 또는 '그게 중요한 건 나도 알지, 그런데 지금은 상황이 좀 바쁘니까 나중에 하자.'라고 하실 수도 있습니다. 아이의 졸업이 아직 멀게만 느껴지는 것도 사실입니다. 하지만 졸업을 앞둔 부모님들은 대부분 이렇게 말씀하십니다. '왜 진작이 이걸 연습해두지 않았지?', '그때는 시간도 있었는데 뭘 했지?'

버스 노선을 익히고 번호를 변별하는 것, 버스에서 지켜야 할 예절과 이용하는 방법은 학교에서 지도하겠지만 결국 실제 버스를 타보지 않고서는 절대 배울 수 없습니다. 백문이 불여일견이라고 실제 버스를 한 번 타보는 것이 교실에서 열 번 연습하는 것보다 낫습니다. 그런데 일반 버스가 대중교통 이용을 훈련하는 우리를 위해서 기다려주거나 맞춰줄 리가 없습니다. 그래서 자가 통학 훈련은 항상 위험이 도사리고 있습니다. 아이가 어디로 갈지 모른다는 위험 말입니다. 그래서 타는 곳, 내리는 곳에는 물론 버스에 같이 탈 사람도 있어야 합니다.

자가 통학 훈련 계획을 세우다

K군을 위한 자가 통학 훈련을 계획하던 날이 생각납니다. 학교로 상담을 오신 K군의 부모님께 조심스럽게 자가 통학 훈련을 말씀드렸습니다. "부모님, 이제 K도 학교를 떠날 날이 얼마 남지 않았고, 이제 서서히 자가 통학 훈련을 해야 하지 않을까요?" 그 말씀

을 들은 부모님께서는 잠시 멈칫하셨고 드디어 올 것이 왔다는 심정이신지 무거운 표정으로 대답하셨습니다. "네, 선생님. 꼭 필요한 게 맞지요. 그런데 엄두가 잘 안 나네요." 대부분 부모님은 '잘 할 수 있을까?'를 걱정하십니다. 하지만 잘 하고 못 하고가 어디 있습니까. 그저 실전에 부딪혀보는 거지요. 저는 부모님과 충분한 이야기를 나눈 후 K의 자가 통학 훈련에 대해 목표를 세웠습니다.

'3개월 안에 K가 스스로 버스를 타고 하교 성공하기'

K군의 자가 통학을 위해 일단 학교에서 지역사회 모의 수업을 진행했습니다. 교실 한쪽에 버스 번호를 붙여두고 시각적으로 익숙해지게 합니다. 또 사전에 제가 직접 버스에 탑승하여 학교에서 집까지 가는 길을 녹화하고, 특히 버스에서 나오는 안내방송을 잘 녹음합니다. 내릴 곳 바로 전 안내방송의 '버스정류장 이름'을 확인하고 변별 자극이 되도록 그 정류장 이름을 반복해서 들려줍니다. 가만히 있다가도 안내방송에서 해당 정류장의 이름이 나오면 K군이 바로 일어서서 하차 벨을 누르도록 하기 위함입니다. 저는 기사도 되었다가 승객도 되었다가 합니다. 마치 교실 자체가 하나의 버스입니다.

다음은 실제 버스를 타는 시간입니다. 처음에는 교사가 동행하면서 버스를 이용합니다. 버스 도착 예정 시간을 보는 방법을 설명하고, 오는 버스를 안전하게 기다리는 방법도 지도합니다. 이것이 바로 지역사회 중심 교수입니다. 지역사회가 교육의 현장이 됩니다. K군의 손을 꼭 잡기도 하고 앞서거나 뒤서거니 하며 버스를 탑니다. 아이에게 환경이 익숙해지고 적응이 되면 그때부터 진짜가 시작됩니다. 혼자 가는 것을 가장한 동행이되 같이 타는 사람은 잘 숨어야 합니다. 들키지 않기 위해 변장도 하는데 그야말로 군사 작전이 따로 없습니다.

처음 버스를 타던 날

기본 훈련을 마치고 K군을 처음 혼자 버스에 태울 때 불안감은 이루 말할 수 없었습니다. 저는 승용차로 버스를 따라가며 잘 가고 있는지 확인했습니다. 버스를 놓치지 않으려면 노련한 운전 솜씨가 필요합니다. 특수교사에게 많은 능력이 필요하지만, 버스를 따라가며 놓치지 않는 운전 솜씨도 필요하네요.

운전하며 따라가는 동안 세 머릿속에는 세 가지 상황이 교차하며 떠오릅니다. 첫째, K군이 원하는 정류장에 잘 내리는 것. (더 바랄 것이 없겠습니다.) 둘째, K군이 원하는 정류장이 되기 전에 내리는 것. (내리는 것을 확인하면 바로 승용차를 정차하고 따라가 K군을 잡아야 합니다.) 셋째, 원하는 정류장을 지나쳐도 K군이 내리지 않는 것. (원하는 정류장에 내리지 않는다면 기다리고 있던 보호자를 승용차에 태워 다음 정류장으로 향해야 합니다.) 이때 중요한 것은 버스보다 더 빨리 가야 한다는 것입니다. 이미 출발한 버스에서 내릴 수는 없기에 다음 정류장에 버스가 정차하기 전에 승용차가 버스를 따라잡고 먼저 도착해야 하며 즉시 보호자는 앞문으로 타고 교사는 뒷문을 지켜야 합니다. 샐 구멍이 없도록 말입니다.

K군의 결과는 어땠을까요? 감사하게도 처음부터 정확한 정류장에서 잘 내려주었습니다. 그간의 노력은 배반하지 않더군요. K군이 원하는 정류장에 혼자서 내렸을 때의 짜릿함은 정말 말로 표현할 수 없었습니다. 내려야 할 정류장에 버스가 다가가는 순간부터 가슴이 뜁니다. 정차하는 순간 손에 땀이 납니다. 드디어 버스가 멈추고 뒷문이 열리고 사람들이 보이기 시작합니다. '제발 내려라, 제발 K야, 내려라.' 눈이 빠져라 지켜보는데 내리는 사람들 속에 K군의 모습이 보입니다. 잘 내렸습니다. 정류장에 기다리던 아빠를 먼저 만나고 저도 차를 주차하고 바로 달려가 셋이 부둥켜안았습니다.

"성공이다, 성공! 참 잘했다."

K군만 어리둥절할 뿐입니다.

과정은 다르지만, 결과는 같다

모든 학생의 자가 통학 훈련이 K군과 같지는 않을 것입니다. 때로는 잘하리라 믿었던 아이들이 더 힘든 경우도 있습니다. 또 처음에는 잘하다가 한 번씩 실수하는 때도 있습니다. 그러나 과정은 다르지만, 결과는 같을 것임을 저는 믿습니다. 한 달 만에 성공하기도 하고, 6개월이 걸리기도 합니다. 또 한 번 잘했다가도 다음에 못하기도 하고, 잘한다 싶었다가 방심하면 꼭 한 번씩 잘못 내리는 실수가 생기기도 합니다. 하지만 이러한 시도와 노력은 배반하지 않습니다. 불안한 마음도 충분히 이해합니다. 하지만 도전해야 합니다! 언젠가 분명히 '그때 연습해두길 정말 잘했다.' 감사할 때가 옵니다.

어떠세요. 용기가 조금 생기셨나요? 그럼 옆에 있는 사랑스러운 자녀에게 이렇게 말해보세요.

"○○야, 내일부터 자가 통학 훈련해보시 않을래?"

Chapter 5

말보다는
시각적으로

사랑스러운 중학생 H, 처음 H를 보았을 때가 아직도 생생히 기억이 납니다. 표정이 밝고 상냥한 아이, 큰 소리로 인사를 잘하던 아이입니다. 그런 H에게 치명적인 단점이 하나 있으니 바로 매일 일과를 반복해서 묻는 것입니다. 누구든지 한 시간만 H 옆에 있으면 끝나지 않는 질문 공세에 두 손 두 발을 다 들고 도망갈 정도였습니다. 가령 이런 식입니다.

"오늘, 과학 수업할 거?[5]"
"응, 과학 선생님 4교시에 오실 거야."
(잠시 후)
"오늘, 과학 수업할 거?"

"응, 4교시에 과학이라고 말해줬잖아."

(잠시 후)

"오늘, 과학 수업할 거?"

"… 한 번만 더 물으면 과학 수업 안 할 거야!"

(잠시 후)

울기 직전의 얼굴로

"오늘, 과학 수업… 안 할 거…?"

H의 질문은 온종일 계속되었습니다. 그토록 기다리던 과학 수업이 끝나면 다음으로 이어집니다.

"오늘 점심 먹을 거?"

"오늘 방과 후 수업 갈 거?"

"오늘 드라마 볼 거?"

"오늘 마트 갈 거?"

한 번 대답은 쉽게 할 수 있지만 여러 번 같은 대답을 하려면 힘이 들고 짜증이 납니다. 상담을 진행해보니 H의 이런 특성 때문에 교실에서도 부모님도 힘들어하고 있었습니다. 전 담임에게 어떻게 지도했었는지 물어보니 일단 한 번은 대답해주고 나머지는 무시했다고 했습니다. 첫 번째 질문에는 대답해주지만 곧이어 나오는 반복되는 질문에는 마치 들리지 않는 것처럼 대응하지 않기로 했다는 것입니다. 물론 행동의 소거에 무시도 좋은 대응 방법이 될 수 있습니다.

모든 행동에는 목적이 있다

하지만 저는 조금 다르게 생각해보았습니다. 우리가 하는 모든 행동에는 목적이 있습니다. 그리고 그 행동은 목적이 달성되면 자연스럽게 사라지기 마련입니다. 반대로 행동이 계속된다는 것은 목적이 달성되지 않았다는 것을 의미합니다. 어떤 행동이 계속되고 있다면 그건 그 행동으로 인해 얻는 것이 있거나 혹은 피할 수 있는 것이 있다는 것입니다. 그리고 그 행동이 얻고자 하는 것이나 피하고자 하는 것을 잘 달성해주고 있다는 것을 의미합니다.

집중해서 관찰해보니 H가 주로 묻는 것들은 하루의 일과에 관한 것이었습니다. 특히 일과 중 좋아하고 기다리는 일들일 확률이 높습니다. '혹시 H가 그 일들을 기다리고 있는 것은 아닐까?' 하는 생각이 스쳤습니다. 우리도 살다 보면 기다려지는 일이 있지 않습니까? 그런 일을 앞두고는 왠지 시간은 더 더디게 가는 것 같고요. 기다리기 힘들 때가 종종 있습니다.

생각보다 많은 부모님과 선생님이 자녀와 학생의 이런 행동으로 인해 어려움을 겪고 있다는 것을 알게 되었습니다. 자폐성 장애가 있는 아이들에게 특히 이런 행동 패턴이 많이 나타나고 있습니다. H가 반복해서 질문을 하는 이유는 무엇일까요? 네, 맞습니다. 확인받고 싶은 겁니다. 듣고 들어도 또 듣고 싶은 일, 생각만 해도 즐겁고 웃음이 지어지는 그런 일이 아닐까요? 오늘 일어날 일 중에 기다려지는 일이 있는데 그것이 꼭 있었으면 좋겠고 그것을 이루어 줄 수 있는 담임 선생님 또는 부모님께 확인받고 싶은 것입니다.

그런데 말은 한계가 있습니다. 말은 그저 지나가 버리면 끝입니다. 우리는 말에 대한 책임과 약속이 가지는 의미를 알고 있지만, H는 안타깝게도 그걸 알지 못하는 겁니다. 따라서 조금 전에 물어봤지만, 또 불안하고 또 확인받고 싶은 거지요. 이런 반복 질문과 재확인은 보호자의 짜증으로 이어지며 오히려 나쁜 행동의 연결고리가 생길 확률이 높습니다. 질문에 짜증이 나는 선생님이나 보호자는 이제 그만하라는 뜻으로 '자꾸 물으면 안 할 거야.'라는 말을 하게 되는데 그 안에는 '정말 그것을 원하면 다시 묻지 마라.'라는 속뜻이 숨어있습니다. 하지만 H가 숨은 속뜻을 알아낼 리는 없습니다. 아마 '안 할 거야.'라는 말에 오히려 더 불안하고 당황하고 있을지 모를 일입니다.

시각적 일과표를 만들다

저는 H를 도와줄 방법으로 시각적인 방법을 사용했습니다. 먼저 H가 좋아하는 행동들과 원하는 활동들을 정리해보고 그 행동들을 일과 카드로 만들었습니다. 그리고 교실에서 가장 잘 보이는 곳에 붙여주며 일과를 안내했습니다. 아침부터 나에게 그 활동을 물어보기 전에 즉각적으로 '오늘의 일정'을 통해 확인할 수 있도록

한 것입니다. "궁금하면 오늘의 일정을 봐, 저기 이 표시가 붙어 있으면 한다는 거야."라고 사용법을 안내해줍니다. 한 시간이 끝나면 끝난 시간의 일과는 떼어 보이지 않게 합니다. 불필요한 자극을 줄여주기 위한 것입니다.

처음에는 H가 이 시각적 카드가 가지는 의미를 파악하지 못하였기 때문에 시각적 일과표를 붙이고 나서도 반복적인 질문을 계속했습니다. 반복적인 질문을 할 때마다 시각적 일과표로 H를 데리고 갔습니다. 그리고 다시 물을 때마다 말은 하지 않고 웃으며 손가락으로 시각적 일과표를 가리켰습니다. 처음에는 그 의미를 잘 이해하지 못하던 H가 나중에는 반복해서 시각적 일과표를 보며 안정감을 누리기 시작했습니다. 자폐성 장애가 있는 아이들의 경우 많은 행동이 불안에 기초한 것인 경우가 많습니다. 이때 불안을 해소할 수 있는 예측된 일과는 아이에게 안정감을 줍니다. H 또한 시각적 일과표를 사용하면서 '반복해서 질문하기'가 사라졌고 저도 교실도 평화를 되찾을 수 있었습니다.

시각적 일과표를 사용할 때 주의사항

시각적 일과표 사용에 가장 중요한 원칙이 하나 있습니다. 바로 신뢰입니다. 교사와 학생 사이에 신뢰가 있어야 합니다. 가능하면 시각적 일과표의 수정은 없어야 합니다. 가능하면 일과표에 붙인 활동은 꼭 해주는 게 좋습니다. 한번 붙인 일과표에서 변동이 생기면 자폐성 장애 아이들은 곧 일과표 자체를 신뢰하지 못하게 됩니다.

그런데 학교에서는 또는 가정에서는 우리도 예상하지 못했던 변수가 존재하기 마련입니다. 수업에 들어오기로 하셨던 선생님이 갑자기 병원에 가시는 바람에 다른 선생님이 들어올 수도 있고, 아이가 좋아하는 활동을 기다렸는데 갑자기 행사가 잡혀서 하지 못하게 될 수도 있습니다. 그래서 시각적 일과표는 당일에 붙이도록 하는 게 좋습니다. 하루의 일과를 아침에 H와 함께 붙이면 좋습니다. 그러다 정말 불가피하게 일과표를 수정해야 하는 상황이 생긴다면 충분한 설명과 안내가 필요합니다. 왜 바뀌게 되었는지 그리고 바뀐 일과는 언제 다시 할 것인지 함께 약속을 정해야 합니다. 그리고 그 약속 또한 반드시 지켜져야 합니다.

Chapter 6

꿈 원정대

전공과[6] 담임할 때 이야기입니다. 전
공과에 입학하는 아이들과 이런저런 대화를 나누고 이제 곧 사회
로 나가기 위해 무엇이 필요할까에 대한 이야기를 제법 깊이 있게
나누었던 적이 있습니다. 그러던 중 아쉬움이 생기는 것이 있었습
니다. 그것은 이 아이들이 사는, 이 지역이 가지는 특수성 때문에
학생들이 경험하지 못하는 것에 대한 것입니다.

프로야구 박사 Y

전공과 1학년 Y는 프로야구 박사입니다. 프로야구 경기를 빼놓

지 않고 시청하는데 특히 LG 트윈스의 팬이기도 합니다. 그래서 매일 아침 Y를 만나면 "어제 경기 어떻게 되었니?" 하고 물어봅니다. 그럼 어제 있었던 모든 경기 결과뿐 아니라 어제 프로야구 전 경기의 하이라이트까지 술술 읊습니다. 최고의 명장면은 어떤 것이었는지, 구단 간 성적은 어땠으며 앞으로 어떻게 될 것인지까지. 물론 어제저녁에 시청한 프로야구 방송의 해설자 말을 듣고 따라 하는 것이겠지만 그것도 보통 수준은 넘었습니다.

그런데 정작 Y는 태어나서 단 한 번도 야구장에 간 적이 없다고 했습니다. 제주도에서는 프로야구 경기가 열리지 않기 때문입니다. 저는 어릴 때부터 야구장에 가기 시작했습니다. 그래서 야구의 진짜 재미는 경기뿐만 아니라 야구장에서 느낄 수 있는 응원과 환호라는 것도 알고 있습니다. 그래서 야구를 정말 좋아하지만, 야구장의 분위기는 경험하지 못한 Y가 안타까운 마음이 들었습니다.

KTX를 타보고 싶은 D

D는 기차를 타본 적이 없었습니다. 제주도에는 운행하고 있는 기차 노선이 없기 때문입니다. 기차가 아예 없는 것은 아닙니다. 연동에 있는 삼무공원에 가면 사용이 중지된 증기 기관차가 전시되어 있습니다. 에코랜드에서 운행하는 작은 관광열차도 있기는 하지만 실제로 운행하는 기차를 타본 적은 없다고 했습니다. 특히

D가 꼭 타보고 싶은 기차는 바로 KTX입니다. 시속 300km로 달린다는 대한민국 고속열차. 시속 300km가 주는 의미를 정확히는 파악하기 힘들지만, 엄청 빠르다는 것은 알고 있습니다. 그래서 얼마나 빠른지 꼭 한번 타보고 싶다고 했습니다.

이뿐만 아닙니다. 어떤 아이는 대학로에서 연극을 보는 게 꿈이라고 했고, 또 다른 아이는 호텔에서 자보는 게 꿈이라고 했습니다. 그렇게 아이들의 꿈을 모았습니다. 그리고 이 꿈을 꼭 실현해 주고 싶었습니다.

전공과 단독 수학여행을 기획하다

당시 우리 학교 수학여행은 초등학교 6학년과 중학교 3학년, 고등학교 3학년, 전공과 2학년 등 각 과정의 졸업반 아이들이 함께 가고 있었습니다. 그도 그럴 것이 특수학교라서 과정별 졸업반을 다 모아야 겨우 여행사에 의뢰할 수 있는 인원이 되었기 때문입니다. 저는 전공과에 다니는 학생들이 초등학교 6학년들과 함께 다닐 수밖에 없는 상황이 아쉽고 안타까웠습니다. 물론 초등학생들과 함께하는 것 중에 좋은 것도 있었지만 반대로 제약도 많았습니다.

그래서 개교 이래 처음으로 전공 과정의 단독 수학여행을 추진하게 되었습니다. 당시 전공과 20명의 아이와 교사 넷이 여행하기로 했습니다. 지금 생각하면 겁이 없는 것일 수도 있지만, 다행히 당시 전공과 네 명의 선생님들은 도전정신이 강하고 마음이 잘 맞았던 것 같습니다. 쉽지는 않았지만 학교의 허락을 받고 수학여행을 기획하면서 우리는 이번 여행을 '꿈 원정대'로 명명했습니다. 20명 제주도 아이들의 소원 수리 여행이기도 합니다. 어쩌면 이 아이들에게 일생 처음이자 마지막일 수 있는 경험입니다.

출발! 꿈 원정대!

총 일정 2박 3일, 처음 제주공항에서 시작해서 김포공항으로 갑니다. 제주도에 살지만, 비행기를 처음 타는 아이들도 있습니다. H는 커다란 덩치에 안 어울리게 땀을 뻘뻘 흘렸습니다. 김포공항에 도착해서 쇼핑몰 푸드코트에서 각자 원하는 메뉴를 골라 계산하고 받아오는 것이 첫 미션입니다. 매 순간 쉬운 것 하나도 없었지만, 의미 없었던 순간도 없었습니다.

다음은 숙소로 가는 길입니다. 우리 원정대를 받아줄 수 있는 호텔이 많지 않아 얼마나 수소문을 했는지 모릅니다. 다행히 강남에 있는 한 호텔과 연결되어 좋은 조건으로 예약을 받아주었습니다. 우리는 지하철을 갈아타며 숙소로 이동했습니다. 지하철을 타기는 쉽지만 쉽게 익숙해지지 않았습니다. 어느 역에 가든지 꼭 갇히는 아이가 한 명씩 있었습니다. 마지막 지하철역에서 호텔까지 거리가 꽤 되어 10분 이상 걸어야 했습니다. 그런데 걷기 시작해서 얼마 되지 않아 비가 떨어지기 시작했고 우리는 빠르게 걸어 비를 피해야 했습니다.

그런데 1학년 여학생 A에서 문제가 발생했습니다. "호텔로 간다."라는 부장님의 말에 "호텔 안 가."로 버티기 시작한 것이었습니다. '호텔 안 돼.', '호텔 안 가.'를 무한 반복하며 길거리에 멈춰 섰는데 알고 보니 숙박업소에 가면 안 된다는 예선 성교육이 너무 각인되어 호텔이라는 단어에 거부감을 느낀 것이었습니다. 이 상황이 웃기면서도 얼마나 난감했던지 비는 오는데 아이는 움직이지 않고 이러지도 저러지도 못했습니다. 일단 우리는 나머지 아이들과 먼저 호텔에 올라가고 부장님만 홀로 남아 A와 실랑이를 했는데 결국 어떻게 설득했는지 나중에는 A와 함께 객실로 올라왔답니다. 숙소에서 잠시 쉬고 나서 대학로로 갔습니다.

대학로 마로니에 공원

대학로에서 명동 손만두와 칼국수 식당을 찾아 식사하고 연극을 봤습니다. 복잡한 그곳에 등장한 우리 원정대는 주변에 강인한 인식을 심어주었습니다. 가는 곳마다 이목이 쏠렸습니다. 연극은 코믹한 내용이었는데 우리 아이들이 얼마나 집중하고 연극을 보는지 참 신기했습니다. 그리고 타이밍이 맞지 않는 웃음 덕분에 민망하

기는 하였으나 그것 또한 우리 아이들이 연극을 바라보는 시선이라고 생각하니 이해가 되었습니다.

연극을 보고 숙소로 돌아왔습니다. 숙소에는 2인 1실로 배정되었는데 여학생들의 객실에서는 새벽까지 웃음소리가 끊이지 않았습니다. 나중에 알았지만 서로 화장도 하고 차도 마시면서 밤을 새웠다고 합니다. 어른이 되어가는 과정일 테지요. 남자아이들은 피곤했는지 씻자마자 코를 골며 잠이 들었습니다.

KTX를 타다

다음 날 아침은 근처 식당에서 하게 되었습니다. 간단하게 식사를 마치고 서울역으로 향했습니다. D를 위해 기차를 타기로 했기 때문입니다. 다음 코스는 대구입니다. 서울에서 대구까지 KTX를 타고 이동하기로 했습니다. 큰 서울역의 수많은 플랫폼과 거기에 서 있는 끝이 보이지 않는 기차들. 아이들에게 서울역과 기차가 어떻게 보일지 참 궁금했습니다.

기차를 타고 자리에 앉았습니다. 기차는 의자도 멋지고 TV도 나왔습니다. 그러나 무엇보다 눈에 띈 것은 창밖의 풍경입니다. 빠르게 달리는 기차의 창밖으로 펼쳐지는 모습이 제주와는 전혀 다른 것이었습니다. 기차를 타고 이동하면서 첩첩산중이라는 말을 설명해주었습니다. 첩첩산중은 여러 산이 겹치고 겹친 산속을 의미하는 말인데, 제주에는 한라산뿐이라 아이들은 여러 산이 겹친다는 것을 이해하지 못했습니다. 그런데 기차의 창밖으로 보이는 풍경은 정말 여러 산이 겹쳐 있는 모습이었습니다.

대구 삼성라이온즈 파크

대구에 도착했습니다. 대구에서의 하이라이트는 야구장에 가는 것입니다. 기차에서 내려 일단 숙소로 가서 짐을 풀고 야구장으로 이동하기로 했습니다. 당시 대구 삼성 라이온즈 파크는 2016년에 개장한 최신식 야구 경기장이었습니다. 경기 상대 팀은 기억이 나지 않는데 아쉽게도 Y가 응원하는 LG 트윈스는 아니었습니다. 그래도 혹시 몰라 Y에게 "가장 좋아하는 야구팀이 어딥니까?" 하고 물으면 "삼성 라이온즈"라고 대답하도록 무수히 연습시켰습니다. 하지만 Y는 "삼성이요." 하고 나서도 작은 목소리로 "난 LG가 좋은데." 해서 모두를 웃음에 빠뜨렸습니다.

결국 기대했던 야구 선수와의 만남은 이루어지지 못했지만, 야구장 첫 방문을 기념하여 우리 모두 야구공을 선물받기도 했습니다. 야구 경기 관람을 마치고 돌아오면서 전통시장에서 분식으로 야식을 즐기며 꿈 원정대의 마지막 밤을 기념했습니다. 그리고 다음 날 제주로 돌아왔습니다.

잊을 수 없는 우리의 추억

꿈 원정대는 1회로 끝나기는 했습니다. 그렇지만 우리에게 많은 것을 남겨주었습니다. 일단 전공과 학생들의 꿈을 모두 이루어주었으니까요. 20명의 아이가 처음 경험한 그 모든 것들이 어떤 의미로 남았을까요? 평생 잊을 수 있는 기억이 되었을 것입니다.

Chapter 7

비디오
자기 모델링

자기 자신을 모델로 따라 해본 적이 있으신가요? 어릴 적 거울을 바라보며 거울에 비치는 내 모습이 신기해 이런저런 표정도 지어보고 춤도 춰보았던 경험이 있으시겠죠? 모델링은 어떤 대상을 따라 하며 배우는 것을 의미합니다. 비디오 자기 모델링은 비디오 속 자신을 보면서 따라 배우도록 하는 교육 방법의 한 종류입니다.

"텔레비전에 내가 나왔으면 정말 좋겠네, 정말 좋겠네"

- 동요 〈텔레비전〉 중에서

상상해볼까요? 텔레비전에 내가 나온다면 아이가 얼마나 좋아

할까요? 아마 내 모습이 신기해 눈을 떼지 못할 것입니다. 비디오 자기 모델링은 이런 점을 활용합니다. 학생 스스로가 시범자가 되는 것으로 촬영과 편집을 통해 만들어진 자기의 모습을 스스로 시청하며 배우게 됩니다.

자기 자신을 보고 배우다

J는 제가 10년 전쯤에 지도했던 학생입니다. J와의 만남은 조금 특별했는데 제가 이 비디오 자기 모델링을 공부할 당시 연구 사례 대상자로 만났던 학생이기 때문입니다. 당시는 지금처럼 스마트폰이 왕성하게 보급되기 전이었고, 주로 캠코더로 동영상을 촬영하던 시절입니다. 먼저 비디오 자기 모델링의 절차를 간단하게 소개하겠습니다. 더 쉬운 이해를 위해 때로 요리 과정에 비유하기도 합니다.

① **만들고 싶은 메뉴 정하기**: 배우고 싶은 목표 행동 정하기
② **재료 준비하고 다듬기**: 필요한 기술 준비하기
③ **단계별로 요리하기**: 단계별로 촬영하기
④ **플레이팅 하기**: 촬영된 영상을 보기 좋게 편집하기
⑤ **맛있게 먹기**: 편집된 영상 시청하기

첫째, 만들고 싶은 메뉴를 정하는 단계입니다. 메뉴가 정해지지 않으면 결국 정체불명 짬뽕이 됩니다. 비디오 자기 모델링도 마찬가지입니다. 모델링할 행동을 분명하게 정하는 게 중요합니다. J에게 가르칠 목표 행동은 사무 보조 기술로 복사하기와 팩스 보내기였습니다.

둘째, 메뉴가 정해졌으면 메뉴에 필요한 재료를 준비하고 다듬는 과정이 필요합니다. 목표 행동에 필요한 기술이 여기에 해당합니다. J의 경우 복사하기를 위한 필요기술과 분석된 과제는 다음과 같습니다. 첫째, 복사기 앞에 바른 자세로 섭니다. 둘째, 복사기의 전원을 확인하고 복사기 덮개를 위로 올려 엽니다. 셋째, 복사하고자 하는 종이를 복사기에 올려놓습니다. 이때 위치는 왼쪽 모서리에 맞춰야 하며 복사할 내용이 보이지 않아야 합니다. 넷째, 복사기 덮개를 닫습니다. 다섯째, 복사할 수량을 입력하고 복사하기 버튼을 누릅니다. 여섯째, 복사기 덮개를 들고 원본을 회수합니다. 일곱째, 복사된 사본까지 챙기면 됩니다.

다음은 요리를 시작하는 단계입니다. 요리할 때 레시피의 순서를 잘 지켜야 하듯 비디오 자기 모델링에서도 단계를 잘 지켜야 합니다. 재료를 준비하듯 정리한 복사하기 7개 과정을 한 단계씩 차례로 수행하도록 합니다. 여기서 한 단계씩 끊어 촬영하는 것이 핵심입니다. 복사기 앞에 서게 하도록 시각적, 언어적 촉구를 제공해도 괜찮습니다. 편집할 때 조절이 가능하니까요. 다만 해당 단계를 단독으로 수행하는 장면을 촬영합니다. 특히 어려운 단계가 있을

수 있습니다. 여러 번 반복해도 잘 수행하기 어려운 정교한 기술 같은 것 말입니다.

예를 들면 J는 복사기 덮개를 들기도 하고 닫기도 하는데 복사 용지를 왼쪽 모서리에 맞추는 것은 어려워했습니다. 그래서 촬영 하다가도 번번이 NG가 났습니다. 그런 경우 덮개를 드는 모습과 닫는 모습을 먼저 촬영하고 복사 용지를 왼쪽 모서리에 맞추는 모습은 손만 클로즈업하여 촬영해도 괜찮습니다. 부분적으로 J의 모습이 생략되어도 앞에서 드는 장면과 닫는 장면에 J가 등장하니 영상을 시청하는 입장에서는 자연스러운 연결 과정으로 인식하게 됩니다.

다음은 플레이팅 단계입니다. 어떤 요리든 맛있게 잘 만들어도 형편없이 담아놓으면 식욕이 없어지는 법입니다. 맛있는 요리일수록 멋있게 담는 게 중요합니다. 비디오 자기 모델링에서는 그동안 찍어왔던 영상들을 편집하는 과정이 이에 해당합니다. 최대한 자연스럽게 연결하는 게 핵심입니다. 마치 시간이 연속해서 흐르는 것처럼 영상을 연결합니다. 마치 원 테이크[7]로 촬영한 것처럼 보이게 연결하는 것입니다.

마지막은 맛있게 먹기입니다. 그동안 열심히 요리한 음식을 맛있게 드시면 됩니다. 비디오 자기 모델링에서는 학생이 자신의 영상을 시청하는 단계입니다. 이 단계는 의외로 학생이 매우 좋아합니다. "텔레비전에 내가 나왔으면" 하는 동요의 가사처럼 정말 좋아합니다.

비디오 자기 모델링의 효과

비디오 자기 모델링의 효과는 여기서 빛을 발합니다. 아무리 시범을 보이고 말로 하고 손을 당겨서 누르게 해도 잘 안 되었던 학습도 자기 자신을 모델로 하니 대조군과 비교할 때 훨씬 빠르게 익히는 것을 볼 수 있었습니다. 또 비디오 자기 모델링은 자료를 일단 만들어두면 언제든지 원할 때 반복해서 시청할 수 있다는 점이 강점입니다.

과제를 수행하다가 모르는 과정이 생기거나 문제에 가로막히면 우리 학생들은 도움을 요청하기 힘들어합니다. 누구에게 물어야 하는지도 힘들어하고 이 상황을 설명하는 데 어려움을 겪습니다. 하지만 비디오 자기 모델링의 자료는 자신의 휴대전화 안에 넣어놓으면 원하고 필요할 때 언제든지 재생할 수 있습니다. 자기 자신의 멋진 모습을 반복해서 보고 싶고, 반복해서 보면서 자연스럽게 과정을 학습할 수 있는 기회가 제공됩니다.

물론 비디오 자기 모델링은 인지적 내용보다는 행동 기술과 관련된 부분(눈으로 확인할 수 있는)에 제한된다는 한계도 있습니다. J는 어떻게 되었을까요? 네, 비디오 자기 모델링 덕분에 사무 보조의 여러 기술도 잘 익히고 연말에 주민센터 사무 보조 공공일자리에 당당히 합격했답니다.

지금은 스마트폰이 대중화되고 편집 애플리케이션도 많이 보급되었습니다. 예전에는 크고 무거운 캠코더를 들고, 6mm 테이프에 녹화를 해야 했습니다. 수십만 원의 편집 프로그램도 사야 했고요. 하지만 지금은 스마트폰이 대중화되어 누구나 쉽게 영상을 촬영할 수 있습니다. 편집 애플리케이션도 많이 보급되어 움짤[8]이나 짧은 영상도 쉽게 만들 수 있습니다. 그래서 집에서도 쉽게 아이의 모습을 촬영하고 편집할 수 있게 되었습니다. 어느 때보다 비디오 자기 모델링을 적용하기 좋은 시대가 된 것입니다. 자녀에게 원하는 행동이 있다면 한 번쯤 도전해보는 건 어떠세요?

Chapter 8

킥보드를
타고 싶어

불가능하다고 말하는 것들이 있습니다. 사람들이 말하는 불가능은 절대 이루어질 수 없는 일을 말합니다. 때로는 특수교육에서도 그런 것들이 있습니다.

"에이, 그건 불가능하지."

하지만 그렇게 말하는 것 중에 정말 불가능한 것도 있지만 실제로는 가능한 것도 많습니다. 해보지도 않고 지레 안 되는 것이라고 선을 그어놓은 것들 말입니다.

H는 중중 자폐성 장애 학생입니다. H를 처음 만난 것은 막 중학생이 된 시기로 기억합니다. 당시 방과 후 학교 운동부를 담당하고 있었는데 담임은 아니지만 방과 후 학교에서 우리 반이 되었습니

다. 처음 만났을 때의 H는 아무것도 안 되는 아이 가운데 한 명이었습니다.

이 아이를 맡으면서 방과 후 시간에 무엇을 해줄 수 있을까 고민이 되었습니다. 농구공을 슬쩍 H 쪽으로 굴려보기도 하고, 함께 트랙을 걸어보기도 하고, 승마 운동기구에 앉혀도 보았습니다. 그런데 H는 그런 것들에는 전혀 관심을 보여주지 않았습니다. 제가 한달 정도 H를 파악해본 결과 평균대에서 균형 잡기는 평균 이상이었고 트램펄린(일명 방방이)에서는 15분 정도 활동할 수 있는 수준이었습니다.

킥보드에 관한 관심을 발견하다

그러던 중 우연히 필로티에서 킥보드를 타고 있는 초등학교 동생들을 보면서 눈빛이 반짝이는 것을 보았습니다. H에게 킥보드를 타게 하자. 우선 관심이 있는 분야를 찾았으니 도전해볼 차례입니다.

"(웃음) 선생님, 우리 H는 킥보드 못 타요."

부모님께 H의 목표를 말씀드리고 중점 지도해보겠다고 하니 돌아오는 어머님의 대답이었습니다.

"예전에 어릴 때도 몇 번 태워보려고 했는데요. 못 하더라고
요."

물론 이 말은 '노력해주는 것은 고맙지만 그건 이미 해봤고 안 되
는 것이니 괜히 힘 빼지 마세요.'로 들렸습니다. 그래서 그만둘까?
잠깐 생각했지만 오기가 생겼습니다. "그럼 제가 한번 지도해보겠
습니다!"

미션 임파서블? 미션 파서블!

〈H에게 킥보드를 타게 하라〉

킥보드에 관한 관심을 나타낸 것은 H였지만 배우는 과정에 들
어가자 역시 H의 거부가 나타났습니다. 손에 잡아주어도 보는 둥
마는 둥 하고 밀어냈습니다. 킥보드를 타기 위한 과정을 과제분석
해보았습니다. (특수교육에서는 일단 가르치기 전에 쪼개고 봅니다.) 킥보
드를 타기 위해서는 한 발을 킥보드에 올리고 다른 한 발로 땅을
힘차게 구른 뒤 킥보드에 올려놓은 발로 자연스럽게 무게 중심을
옮기고 땅을 구른 발을 땅에서 떼어야 합니다.

1단계: 킥보드에 한 발을 올려놓는다.

2단계: 상체를 앞으로 굽히며 다른 한 발로 땅을 힘차게 구른다.

3단계: 무게 중심을 킥보드에 올려놓은 발로 옮긴다.

4단계: 땅을 구른 발을 땅에서 뗀다.

그리고 2단계부터 4단계의 반복

H에게 단계별로 도전하도록 하고 어디가 문제인지 찾아보기로 했습니다. 1단계, 킥보드에 한 발을 올려놓기는 너무 쉽게 수행하고 있습니다. OK! 2단계, 상체를 앞으로 굽히며 다른 한 발로 땅을 힘차게 구른다. 힘차게는 아니지만 그래도 굴러 몸을 밀 수는 있으니 일단 OK입니다. 3단계, 무게 중심을 킥보드에 올려놓은 발로 옮긴다.

아! 바로 여기가 문제입니다. 발을 구른 후 그 발을 땅에서 떼기 위해서는 무게 중심이 킥보드 위에 있는 발로 옮겨가야 하는데 무게 중심을 옮기는 게 안 되고 있었습니다. 그러니 자연스레 무게를 지지하고 있는 발이 땅에서 떨어질 리 없었고 킥보드가 더 이상 나아가지 못하고 뒷발이 질질 끌리는 일이 생겼습니다. 무게 중심을 옮기다. 참, 말은 쉬운데 가르치려고 하니 쉽지 않았습니다.

"H야, 무게 중심을 오른발에서 왼발로 옮겨."

그렇게 이야기하고 H를 바라보니 멀뚱하게 서서 저를 봅니다. 무표정한 그 모습에 웃음이 났습니다. 마치 '선생님 혼자 뭐 하세

요?'라고 말하는 것 같아 혼자 웃어버렸습니다.

저는 체육 전공은 아니지만 무게 중심을 옮기는 경험을 어떻게 전달해줄까 고민하다가 H가 강점을 보인 평균대를 이용하기로 했습니다. 평균대에 한 발을 올려놓고 올라가는 연습을 시작한 것이지요. 영유아용 낮은 평균대를 놓고 한 발을 올리고 올라갔다가 내려갔다가를 반복하면서 앞으로 가도록 했습니다. 처음에는 그것도 힘들어서 하지 않으려고 했지만 그래도 거부감이 없는 평균대였기에 잘 따라 주었습니다.

결국 H는 킥보드 타는 데 성공했습니다. 단 30초에 그쳤지만 말입니다. 아마 일반 학교 체육 수업에서의 평가 기준으로 따진다면 실패에 가까운 결과입니다. 하지만 제 눈에는 분명한 성공으로 보입니다. 킥보드를 잡고 발을 올려놓은 다음 힘차게 한 번 구르고 (무게 중심을 옮기고) 또 한 번 구르는 모습은 올림픽 마라톤 결승점에 만세를 부르며 뛰어 들어오는 마라토너의 모습과 같았습니다. 학기가 끝나는 날, H의 킥보드 실력은 더는 늘지 않았지만, 분명히 킥보드를 스스로 타고 있는 30초짜리 동영상을 이머님께 보내드렸습니다.

"어머나, 세상에!"

어머님은 놀라움과 기쁨으로 감사의 인사를 하셨습니다. 그 뒤로 보내드린 영상을 보고 또 보셨답니다.

특수교육에는 절대 안 되는 것도 없고, 당연히 되는 것도 없다고 생각합니다. 특수교사는 꿈꿀 수 있어야 하고, 부모님은 믿을 수 있으면 좋겠습니다.

Chapter 9

극복하지 않아도
괜찮아

당신은 인생의 목적이 무엇인가요? 누군가 이렇게 묻는다면 저는 조금 고민이 될 것 같습니다. '이 세상에 유익한 사람이 되는 것'이라고 할 수도 있겠고, 종교적으로는 '하나님의 기쁨이 되는 것' 정도로 표현할 수 있을 것 같습니다. 이 책을 읽고 계신 여러분은 어떤가요? 아마 쉽게 대답하기는 어려운 것 같습니다. 이 질문을 우리 아이들에게 해보면 어떤 대답이 나올까요? 아마 더욱 대답하기 어려울 듯합니다.

특수교사로 근무하다 보면 때로 다른 기관의 '장애 이해 교육'을 의뢰받을 때가 있습니다. 일반 학교에 근무하는 특수교사들은 매년 4월이 되면 일반 교사들과 일반 학생들을 대상으로 '장애 이해 교육'을 해야 할 의무가 있기도 합니다. 장애 이해 교육을 어떻게 하면 좋을까 고민이 되어 다른 분들이 어떻게 하는지 검색을 통해 살짝 들여다봅니다. 여전히 많은 사람이 장애 이해 교육에 앞서 '장애를 극복한 훌륭한 사람들!'과 같은 영상으로 시작하는 것을 봅니다. 그 영상에는 우리가 잘 알고 있는 유명인부터 자신의 분야에서 큰 업적을 달성한 분들이 등장합니다.

실제로 당당하게 일반 대중 앞에 서는 사람들도 있습니다. 호수의 목회사이자 동기부여 전문가로 불리는 '닉 부이치치'나 두 손가락 피아니스트 '희아' 같은 분들 말입니다. 누가 봐도 좌절이 어울릴 법한 이분들은 분노와 원망이 아닌 자기 자신을 희망 전도사로 여기며 긍정적인 에너지를 전 세계에 전하고 있습니다. 이분들 외에도 셀 수 없이 많은 사람이 등장합니다. 우리는 그들이 흘렸을 땀과 노력이 일반인에 비해 최소한 몇 배 이상일 것이라는 것을 알기에 그들에게 박수를 보냅니다.

하지만 우리가 이를 극히 경계해야 하는 이유는 이런 사례는 전체 장애인과 비교하면 아주 극소수의 사람들에게만 해당하며 또한 상대적으로 우수하지 않은 장애인을 자칫 게으른 장애인으로 오해하기 쉽기 때문입니다.

장애를 앓다?

여전히 방송에서는 '장애를 앓다'라는 표현이 심심치 않게 등장

합니다. 장애는 질병이 아니기에 장애를 극복할 수도 없고 없애기 위해 노력할 수 있는 것도 아님을 우리는 알고 있습니다. 하지만 여전히 장애에 대해 잘 모르는 사람들은 장애를 극복하기를 원하는 뉘앙스를 보내기도 합니다. '장애를 딛고' 또는 '장애를 극복하고'라는 표현을 서슴지 않습니다. 그러면서 아무것도 하지 않는 장애인을 마치 노력하지 않는다고 오해하기도 합니다.

'극복'이란 말은 악조건이나 고생 따위에 굴복하지 않고 이겨내는 것을 뜻합니다. 우울증이나 불안증이 있던 사람들이 저마다 자신의 방법으로 해결점을 찾았다는 의미로 '우울증을 극복했다' 또는 '불안증을 극복했다'라고 표현합니다. 예전에 방영되었던 MBC의 드라마 '최고의 사랑'에서 남자 주인공이었던 독고진(차승원 분)이 어렵고 힘들 때마다 구애정(공효진 분)의 도움을 받아 두 손으로 얼굴을 감쌌다가 활짝 펴며 '극복~'이라고 외쳤던 대사처럼 말입니다. 하지만 장애가 마음먹기에 따라 또는 노력에 따라 달라지는 것은 결코 아닙니다.

일전에 헬스장에서 휠체어를 탄 채 운동하고 있던 한 지체장애인에게 응원해준다는 의미로 "열심히 운동하셔서 꼭 극복하세요."라고 인사했다는 말을 들은 적이 있습니다. 이 또한 우리 사회가 가지는 장애에 대한 인식의 수준을 여전히 보여줍니다.

《나는 나로 살기로 했다》를 쓴 김수현 작가는 이렇게 말하고 있습니다. "내가 내린 최종적인 결론은 세상이 나의 존재를 무가치하게 여길지라도 나는 나를 존중하고, 나로서 당당하게 살아가도 된다는 거였다."[9]

저는 우리 아이들이 그 자체로 당당하게 살아가는 세상이 오기를 바랍니다. 그리고 그런 세상을 만들기 위해 노력할 것입니다. 더 이상 장애인에게 그 장애를 극복하기를 요구하지 않는 세상, 장애인에게 장애인답지 않아지기를 기대하지 않는 세상, '장애를 딛고', '장애를 극복하고'라는 표현이 사라지는 그날이 오기를 바랍니다.

"있는 그대로의 모습으로 당당하게 살아가기를!"

부모가
되다

"아이들이 당신의 말을 듣지 않는다고 걱정하지 말고,
아이들이 항상 당신을 지켜보고 있다는 것을 걱정하라."

- 로버트 풀검 Robert Fulghum

Chapter 10

나도 부모는 처음이라

우리는 살면서 얼마나 많은 처음을 경험할까요? 처음이라는 말은 언제 들어도 설레고 조금은 두렵기도 하고 또 특별하게 느껴지기도 하는 말입니다. 첫 등교, 첫 만남, 첫 여행, 첫인사 등 이상하게 모든 말에 처음이라는 말만 붙이면 평범했던 말들이 새로워지는 것 같습니다.

저 또한 지금까지 많은 처음을 경험했지만 가장 크고 무거웠던 처음은 아마 첫 아이가 태어나고 처음으로 부모가 되었던 때가 아닌가 생각합니다. 한 생명의 보호자가 된다는 것은 결코 쉽지도 단순하지도 않은 일입니다. 모든 부모가 그러한데 하물며 자녀의 장애를 알게 된 부모는 어떨까요? 짐작하기도 어려운 아픔일 것입니다.

많은 부모님을 만나고 상담하면서 부모님들께서 가장 힘들어하시는 부분이 바로 진단과 관련된 부분이라는 것을 알게 되었습니다. 유독 밝으시던 분도 예전 자녀의 첫 진단을 생각하면 가슴이 아프고 미안하다고 하셨습니다. 부모님의 가슴속에는 자녀의 장애를 진단받고 직면하던 그 순간의 아픔이 상처로 남아있습니다. 하지만 분명한 것은 누구의 잘못도 누구의 책임도 아니라는 사실입니다.

장애를 수용하는 5단계

일반적으로 사람이 슬픔을 수용하는 단계는 다음과 같은 5단계로 이루어진다고 합니다.

〈충격과 부정 → 분노 → 교섭 → 우울 → 수용〉

처음에는 충격과 부정의 단계가 있습니다. 예상치 못했던 일을 마주하면 충격을 받습니다. 그래서 '사실이 아닐 거야.'라고 부정하게 됩니다. 그렇게 부정을 하다가 분노의 단계로 넘어갑니다. '내게 왜 이런 일이!' 신을 원망하기도 하고, 사회에 적대감을 가질 수도 있다고 합니다. 분노의 단계가 지나면 교섭의 단계로 접어듭니다. 이때부터 현실을 인지하게 됩니다. '그렇다면 어떻게 해야 하나.' 현실적인 문제를 교섭하게 됩니다. 교섭의 단계가 지나면 우울의 단계가 찾아옵니다. 앞으로 진행될 모든 일이 걱정되고 막막하기만 합니다. 마지막으로 수용 단계입니다. '그래도 살아야지.' 하는 마음이 생긴다고 합니다. 이는 커블러 로스(1969)가 임종을 앞둔 사람들을 관찰하며 느낀 감정의 변화를 기록한 것인데, 장애를 수용하는 단계도 일반적으로 비슷하다고 생각됩니다.

장애 자녀가 성인기에 접어드는 부모님들을 뵈면 대단하다는 생각이 듭니다. 그분들에게 후배 부모를 위해 혹시 조언하고 싶은 게 있느냐고 조심스레 여쭤보았습니다. 여러 가지 좋은 말씀이 많았으나 열이면 열, 하나같이 빠지지 않는 내용이 있었으니, 바로 자녀의 장애 수용을 되도록 빨리하라는 것이었습니다. 자녀의 장애 수용이 모든 것의 첫걸음이 된다는 뜻이며, 수용이 빠르면 빠를수록(다시 말해 자녀가 어리면 어릴수록) 좋다는 것입니다.

장애 수용을 방해하는 것들

장애가 있다는 것을 알아차리기는 쉽지 않습니다. 특히 발달장애는 신생아기에 알아차리기 어려운 장애 가운데 하나입니다. 따라서 예쁘고 사랑스러운 내 아이가 자라면서 조금씩 발달의 문제를 나타낸다면 이를 객관적으로 인식하기는 더욱 쉽지 않을 것입니다. 혹은 어머님께서도 이상한 것을 느끼시지만 쉽사리 이야기를 꺼내지 못하는 일도 있습니다. '남자아이들은 좀 느려.'라고 하며 호들갑 떨지 말라고 핀잔을 받을 수도 있습니다.

장애가 발생하는 원인에 대해서는 아직도 갑론을박이 이어지고 있습니다. 저는 원인을 구하는 것은 과학의 차원이라고 생각합니다. 저는 교육자이기 때문에 원인에 집중하지 않습니다. 대신 현상에 관심이 있습니다. 현재 아이의 발달 정도가 어떠한지, 눈 맞춤과 상호작용이 있는지, 간가 반응이 정상 범주인지 실피고, 필요하면 보다 전문적인 기관에 의뢰하여 진단과 조기교육을 받도록 지원합니다.

실수하더라도 덜 치명적인 실수를

우리가 장애를 의심하고 판별할 때 나타날 수 있는 오류는 두 가지입니다. 첫 번째는 의뢰하지 않아도 될 아이를 의뢰한 경우로 이를 '위양의 오류'라고 합니다. 두 번째는 의뢰해야 할 아이를 의뢰하지 않는 경우입니다. 이를 '위음의 오류'라고 합니다.

구분	의뢰함	의뢰하지 않음
장애가 있는 유아를	○	위음
장애가 없는 유아를	위양	○

많은 부모님이 자녀가 자라면서 행동이 이상하다는 것을 느끼면

서도 쉽사리 병원을 향하지는 못합니다. 그것은 두려움 때문이겠지요. 막연하게 찾아오는 두려움 말입니다. 인간에게는 너무 큰 걱정이 있는 경우 오히려 직면하는 것을 피하는 경향이 있습니다. '만약', '혹시' 하며 차일피일 미루게 됩니다. 하지만 장애 자녀를 키우신 많은 부모님을 만나보면 그랬던 자신들을 후회하시는 경우가 많습니다. 실수하지 않을 수는 없지만 할 수 있다면 덜 치명적인 실수를 하는 게 인생이라는 생각이 듭니다. 그래서 혹시 위양의 오류가 발생할지라도 애매하면 의뢰를 먼저 해보시길 추천해 드립니다.

장애가 꼭 슬픔인가요?

그런데 얼마 전 새로운 주장을 들은 적이 있습니다. 요즘 부모님들은 다르다는 말과 함께 말입니다. 커블러 로스의 5단계가 슬픔을 받아들이는 모형으로는 적합할지 모르지만, 장애를 받아들이는 일이 임종과 같은 슬픔은 아니라는 말씀이었습니다. 그분도 장애인을 가족으로 두고 생활을 함께하시는 분이라 공감이 되었습니다. 그분의 주장에 따르면 요즘 부모님들이 자녀의 장애를 수용하는 단계는 다음과 같은 5단계라고 합니다.

〈인지 → 독학 → 성찰 → 권리 옹호 → 감사〉

먼저 자녀의 장애를 인지하는 단계입니다. 자녀가 또래 아이들과 다름을 인지하고 병원을 적극적으로 찾아봅니다. 그리고 잘 몰랐던 장애에 대해 그리고 행정적 또는 재정적인 지원과 교육체계에 대해 독학을 시작합니다. 독학은 여러 개론 서적을 읽는 것에서부터 직접 특수교육을 전공하시는 분까지 다양합니다. 독학과 자녀를 양육하는 경험이 누적되면서 성찰의 단계로 접어듭니다. 성찰은 메타 인지[10]의 영역입니다. 그리고 자녀와 자녀가 살아갈 세상을 위해 권리 옹호에 적극적으로 참여합니다. 성찰과 권리 옹호는 한 단계가 끝나고 다음으로 넘어가는 단계가 아니라 계속되는 단계입니다.

그리고 감사가 이어집니다. 실제로 제가 만나는 많은 분이 감사의 단계에 있음을 보았습니다. 자녀와 자녀가 가진 장애는 별개의 것이며 자녀가 가지는 수많은 특성 가운데 하나일 뿐입니다. 짊어지고 가야 하는 짐이 아니라 비록 다른 사람과 많이 다른 특성을 가졌지만 그래도 누구와도 바꿀 수 없는 보석 같은 자녀로 감사함을 느끼시는 것을 보았습니다. 그래서 저는 커블러 로스의 슬픔을 수용하는 5단계보다 새로운 5단계가 더 마음에 듭니다. 그리고 더 적합한 것 같습니다.

자녀의 장애 수용이 쉬운 일은 아니겠지만 자녀의 행복과 가족의 행복을 위해서는 부모님의 수용이 무엇보다 필수적입니다. 특수교육의 시작은 장애 수용에서부터 시작한다는 것을 잊지 마세요.

Chapter 11

전투력
상실

가끔은 모든 것을 팽개치고 훌쩍 떠나고 싶은 기분이 드는 날이 있습니다. 여러분도 그런 날이 있으신가요? 그런 기분이 들 때면, 오롯이 나만을 위한 시간을 가지고 싶은 마음에 그냥 손을 놓고 멍하니 앉아 있기도 합니다. 저는 그럴 때 카페를 찾아갑니다. 몇 해 전 졸업한 S의 어머님이 운영하시는 카페입니다. 카페 이름은 '쎄몽장르', 불어로 '이건 내 취향이야'라는 뜻이라고 합니다. 저는 S의 어머님과 이야기하는 것을 좋아합니다. 어머님과의 대화에서는 늘 배우는 것이 있습니다.

"선생님, 저도 이제 전투력이 다 떨어져서요."

언제 만나도 너무 반갑고 또 제가 제주에서 잘 적응할 수 있도록 많은 도움을 주신 고마운 분, 지적이고 고상하면서도 겸손하기까지 한 분의 입에서 '전투력'이라는 강력한 단어가 나오니 제가 깜짝 놀랄 수밖에요.

"선생님, 저도 예전에는 엄청 열정적이었답니다."

그러면서 S의 어린 시절 이야기를 꺼내놓으셨습니다. 특히 S가 초등학교에 갈 때는 교문 앞에서 5분 대기조처럼 서 있었던 일과 반 친구들과 친하게 지냈으면 하는 마음에 친구들을 S보다 더 잘 챙기고 알았던 일들, 당시에는 준비가 잘 되지 않았던 학교를 상대로 진취적인 투쟁을 하면서 또 한편 S를 위해 조기교육을 위한 치료실, 복지관 등을 찾아 종횡무진 다니셨던 이야기를 무용담처럼 해주셨습니다.

그러면서 "지금은 전투력이 떨어져서 이젠 그렇게 못해요."라고 하십니다. 못 하는 건지 필요하지 않아 안 하는 건지 알 수는 없으나 한결 편안해진 듯한 모습을 보니 마음 한구석에 안도감이 들기도 하다가 가슴이 찌릿한 통증도 생겼습니다. "S 어릴 때는 사회적인 인식이 더 안 좋았었지요." 하시는 한 말씀에 참 많은 것이 담겨 있음을 우리는 알 수 있습니다.

"자녀와의 거리두기"

전투력이 불타는 요즘 부모님

특수교육을 하면서 부모님들을 지켜보다 보면 안타까움을 느낄 때가 있습니다. 언제인가 생각해보니 바로 '전투력'이 불탈 때입니다. '저렇게 열심인 것은 좋은데, 저러다 혹시 쓰러지기라도 하시면….' 하는 염려가 듭니다. 전투력이 불타오르는 일은 오로지 아이를 위해 모든 것을 미뤄두고 아이에게만 몰두할 때 일어납니다. 배우자도 다른 형제들을 대하는 것도 마찬가지입니다.

'미안하지만 우선 이것부터'라고 생각하면 안 됩니다. 왜냐하면 평생 자녀를 혼자 돌볼 수는 없기 때문입니다. 빨리 가려면 혼자 가고 멀리 가려면 함께 가라는 말처럼 인생은 길고 양육의 길은 마라톤과 같습니다. 건강한 가족의 힘으로 함께 품어야 오래갈 수 있습니다. 장애가 있는 자녀 외에 배우자도 다른 형제에게도 엄마는 필요합니다.

자녀와의 거리 두기

건강한 가족이 되기 위해 장애 자녀와도 거리 두기가 필요합니다. 자녀에게서 벗어나 나만의 시간을 확보할 수 있어야 합니다. 작은 것에 너무 연연하지 말고 크고 길게 볼 수 있는 안목이 있어야 합니다. 나무만 바라보고 길을 가다 보면 길을 잃게 됩니다. 나무를 보지 말고 숲을 바라볼 수 있어야 합니다.

주변에 자녀의 장애를 알고 나서 직장을 그만두는 분들이 계십니다. '아이보다 중요한 것이 뭐 있을까, 앞으로 이 아이를 위해 살리라.' 생각하는 분입니다. 전투력이 만렙[11]에 가까우신 분들이죠. 그 열정과 마음은 높이 삽니다만 조절이 필요합니다. 흘려보내기만 하는 호수는 결국 마를 수밖에 없습니다. 흘려보내는 만큼 어디선가는 들어오는 곳도 있어야 합니다. 신선한 물이 들어올 수 있는 곳, 즉 아이에게서 벗어나 내가 쉬고 에너지를 보충할 수 있는 곳을 마련해야 합니다.

번 아웃 증후군이 있습니다. 한 가지 일에 지나치게 몰두하다 보면 어느 순간 극도의 신체적·정신적 피로로 무기력증이나 자기혐오에 빠지는 현상을 말합니다. 보통 자기의 일과 삶을 구분하지 못해 십수 년 일만 해온 노동자들에게 주로 사용하는 표현이지만 저는 우리 부모님들에게 충분히 나타날 수 있는 현상이라고 봅니다. 실례로 많은 분이 이 번 아웃을 경험하셨고 또 경험하고 있습니다. 권태기, 갱년기만 무서운 것이 아닙니다. 번 아웃도 무섭습니다. 이런 소진 증후군 때문에 부모님들이 우울증이나 극단적인 선택으로 내몰리는 것도 사실입니다.

직장생활을 하시는 분이시라면 계속하시길 권장합니다. 자신의 일을 하는 것은 부모님의 자존감에도 큰 도움이 됩니다. 일과 가정을 병행하기가 당장은 쉽지 않겠지만 장기적인 안목에서는 가족의 도움을 받으며 직장을 유지하시는 게 좋습니다. 또한 자조 모임에

나가시는 것도 권장합니다. 처음에는 장애가 있는 사람들과 어울리는 게 오히려 거북하게 느껴질 수도 있습니다. 하지만 앞으로 서로 도움을 주고받을 수 있는 소중한 이웃이 될 것입니다. 서로의 자녀들을 잠시 맡아주는 품앗이 형태의 돌봄 공동체도 좋습니다. 학교에서 치료실에서 또는 온라인 커뮤니티를 통해 적극적으로 교류하시고 소통하시기를 추천합니다.

"오블라디 오블라다[12]"

Chapter 12

부모는
관찰하는 사람

아이들에게는 어떤 시기가 되면 어떤 것을 꼭 해야 하는 때가 존재합니다. 그것을 우리는 결정적 시기라고 부릅니다. 많은 부모님이 결정적 시기를 놓치지 않으려고 애를 씁니다. 맞습니다. 자녀의 성장과 발달에 있어 분명 결정적 시기는 중요합니다. 하지만 저는 너 중요한 게 있다고 생각합니다. 그건 바로 민감한 시기입니다. 자녀마다 민감한 시기가 존재합니다. 자녀를 키우면서 지켜보면 자녀들이 자라면서 유독 관심을 많이 나타내는 시기가 있습니다. 이런 시기를 우리는 민감한 시기라고 부르는데, 이 민감함 시기는 결정적 시기와 같을 수도 있고 다를 수도 있습니다.

그럼 자녀의 민감한 시기는 어떻게 알 수 있을까요? 이는 자녀와 가장 가까이 있는 부모님께서 느낄 수 있습니다. 부모님께서는 아이의 가장 가까이서 늘 지켜보시기에 이 아이의 민감성의 방향을 알 수 있습니다. 그래서 부모님의 관찰이 아주 중요합니다. 그럼 관찰한 다음에는 어떻게 해야 할까요? 아이의 흥미와 관심이 향하는 것을 발견하셨다면 그 자극이 풍성한 환경을 만들어주어야 합니다. 그리고 그 자극을 통해 자녀와 소통을 연습할 수 있습니다.

자녀의 행동 이해하기

발달장애가 있는 자녀 중에 많은 아이가 소통에 어려움을 겪는 경우가 많습니다. 소통의 의미도, 소통의 필요도 전혀 느끼지 못합니다. 하지만 자녀가 살아가는 데 있어 소통이 무엇보다 중요한 것임은 두말할 나위가 없습니다. 자폐성 장애의 진단 기준이자 대표적인 특성이 의사소통의 (질적) 결함[13]과 사회적 상호작용의 결여입니다. 의사소통의 (질적) 결함이라는 말은 자녀가 우리와 같은 말을 사용하지는 않을 것이라는 뜻입니다. 사회적 상호작용의 결여라는 말은 다른 사람과 교류하며 소통하지 않을 것이라는 뜻이겠지요.

요즘 특수교육의 화두는 긍정적 행동 지원과 행동의 중재입니다. 여기서 말하는 행동은 대부분 문제행동을 말합니다. 요즘은 도전적 행동이라는 표현으로도 많이 사용하지만 저는 이 표현도 그다지 마음에 들지는 않습니다. 여하튼 이러한 행동에 대한 이해가 필요합니다.

교원을 대상으로 한 긍정적 행동 지원 기본과정 및 전문가 과정, 그리고 장애 학생 행동 중재 전문가 과정 연수에 참여한 적이 있습니다. 오로지 우리 아이들의 행동을 조금 더 이해하고 싶다는 이유 하나입니다. 긍정적 행동 지원과 행동 중재에서 공통으로 강조하는 것은 행동에 대한 기능평가입니다. 행동에 대한 기능평가란 무엇일까요? 네, 바로 의사소통의 영역입니다. 이 행동을 하는 의도가 무엇인가는 결국 이 행동으로 아이가 하고 싶은 말이 무엇인가와 같은 말이라는 것입니다. 당연히 자기 의사와 목적을 더 잘 표현할 수 있다고 하면 행동의 문제는 현저히 줄어들 것입니다.

소통형 자폐?

제가 만났던 Y는 소위 말하는 소통형 자폐 학생입니다. 소통형 자폐라는 말이 좀 어색하시죠? 서로 통한다는 의미를 담은 소통과 스스로 닫는다는 뜻의 자폐는 좀 어울리지 않는 단어이기는 합니다. 하지만 제가 본 Y는 분명 소통하는 아이였습니다. Y의 수준이 아주 높아서는 결코 아닙니다. 지금은 심한 장애와 심하지 않은 장애로만 구분하지만, 아이들에게 급수를 매겨놓던 예전 시절로 생각해본다면 Y는 1급을 받았을 것입니다.

그런데도 Y는 어떻게 소통할 수 있는 아이가 되었을까요? 물론 여기서 말하는 소통이 정중한 인사에서 시작해서 대화하는 소통은 아니지만 분명 자기 의사와 요구를 기반으로 Y가 먼저 시도하는 모습을 보여주었습니다. 어떻게 Y를 양육하셨을까 궁금했던 저는 Y의 집에 가정 방문을 하고 힌트를 조금 찾을 수 있었습니다.

부모는 관찰하는 사람

Y의 어머니는 어릴 때부터 아이를 민감하게 관찰하셨다고 합니다. "아이를 이렇게 바라보고 있으면요. 어제와 오늘이 달라요. 분명 어제는 관심이 없었던 건데, 오늘은 그것을 바라보고 만질 때가 있어요. 그럼 저는 어제 가지고 놀던 것을 내려놓고 오늘 만진 것을 가지고 놀이를 합니다." 또 아이가 필요로 할 것을 예측하고 그것을 주되 바로 주지 않고 요구를 통해 얻을 수 있도록 하셨다고 하셨습니다. 즉, 관찰을 통해 자녀의 민감함을 파악하고, 이것을 활용해 아이 스스로 먼저 요구하도록 했다는 것입니다.

저는 이걸 책에서 배웠습니다. 아동 발화 유도 전략 가운데 하나인 '부족한 상황 만들기'가 떠올랐습니다. 부족한 상황 만들기란 아이가 아주 좋아하거나 지금 꼭 필요한 것을 파악한 후 '보이지만 손에 닿지 않는 곳'에 두거나 잠긴 유리장 안에 두어 아이가 혼자서 얻을 수 없도록 하는 것이 핵심입니다. 필요한 것을 가지기 위해

도움을 요구할 수밖에 없도록 하는 환경을 만들어주는 것, Y의 어머님은 배우지 않으셨지만 이미 예전부터 이것을 실천하고 있었던 것입니다. 관찰이 없었다면 할 수 없는 일일 것입니다.

콩나물에 물을 주듯이

하루하루 관찰을 통해 자녀의 민감함이 변화하는 것을 관찰한다면 얼마나 기쁠까요. 반대로 바쁘다는 이유로 무심하게 되면 자녀가 보여주는 이 놀라운 작은 변화를 놓칠 수밖에 없습니다. 순간이면 지나는 이 찰나의 순간을 모르고 지나간다면 부모님에게나 자녀에게나 참 안타까운 일이겠지요.

콩나물시루에 콩나물 키우는 것을 본 적이 있으신지 모르겠습니다. 햇빛이 없어야 해서 검은 비늘로 꽁꽁 싸두는데 하루에 한 번그 위에 묵을 부어줍니다. 부어진 물은 순간 다시 바닥으로 다 떨어집니다. 처음엔 참 무의미한 일이라고 생각되었지만, 어느새 보면 콩나물이 자라 있는 것을 보게 됩니다.

우리 자녀들이 자라는 모습이 그렇습니다. 콩나물시루의 콩나물처럼, 부모님이 내려주는 사랑과 관심을 그저 흘려보내는 것 같지만 그 안에서 조금씩 자라고 있습니다. 자녀의 성장을 지켜보는 기쁨, 함께 누려보지 않으시겠습니까?

Chapter 13

내 아이는
명품인가요

　　얼마 전 TV에서 유명한 예능 프로그램인 '유퀴즈 온더 블록'이라는 프로그램을 시청한 적이 있습니다. 이날 방송은 재방송이었는데, 지금은 사회적 이슈가 되고 유명한 분들을 초대해서 이야기를 들어보는 방식으로 프로그램의 콘셉트가 바뀌었지만, 당시는 유느님(유재석)과 작은 자기(조세호)가 가방 하나 메고 거리 이곳저곳을 다니며 지나는 사람들을 인터뷰하고 퀴즈를 내던 시절이었습니다.

　　제가 본 회차에서는 한국예술종합학교 근처에서 촬영을 하다가 이 학교 3학년인 장현원[14] 씨를 만나는 이야기가 방영되었습니다. 장현원 씨는 이 학교에서 바순이라는 악기를 전공하는 분으로 이야기가 자연스레 바순이라는 악기로 흘렀습니다. 바순이라는 악기가 익숙한 악기가 아니다 보니 유느님과 작은 자기가 바순을 보여줄 수 있냐고 물었고, 장현원 씨는 메고 있던 악기를 흔쾌히 꺼내 그 자리에서 조립하고 넘겨주었습니다.

가격을 알고 나니

특이했던 것은 처음에 신기한 악기를 보자 궁금했는지 이리저리 만져보고 살펴보고 주거니 받거니 장난하던 유느님과 작은 자기가 그 악기의 가격이 약 8천만 원이라고 하자 당황하며 얼어붙는 모습이었습니다. 조금 전까지만 해도 만지작거리며 장난하던 악기를 신줏단지 모시듯 두 손으로 들고 서로 미루며 극도로 조심하는 모습이 보는 사람에게 웃음을 자아내게 했습니다. 처음에는 그 정도의 가치라고 생각하지 못해서 쉽게 다루었지만 나중에 가치를 알게 되니 조심하게 된 것이지요. 웃으며 넘어가다가 곰곰 생각하게 하는 바가 있었습니다. 하나의 물건도 가격에 따라 귀하게 또는 천하게 취급받는데 하물며 사람이면 오죽할까요?

명품과 모조품의 차이

명품에 사랑과 관심을 쏟는 건 당연하지만 모조품에는 그런 정성을 쏟지 않습니다. 명품인지 모조품인지는 누가 아나요? 바로 자기 자신입니다. 명품과 모조품은 비가 오는 날 알아본다는 말이 있습니다. 갑자기 예상치 못했던 비가 내리면 명품은 혹여나 비를 맞을까 봐 자기 가슴에 품지만, 모조품은 내가 비를 덜 맞기 위해 머리 위에 쓴다고 하더라고요.

사람은 사회적인 동물

미국의 사회학자인 찰스 쿨리라는 사람은 '거울 자아 이론'을 주장했습니다. 이는 거울을 통해 자신을 보는 것처럼 다른 사람이 바라보는 시선을 거울로 삼는다는 것인데요. 다른 사람이 나를 바라보는 시선 혹은 기대하는 모습이 거울을 보는 것처럼 자기 자신에게 영향을 준다고 주장했습니다.

또 미국의 심리학자 아서 비먼은 재미있는 실험을 한 적이 있습니다. 핼러윈 시즌에 집집을 돌며 사탕을 얻는 아이들을 대상으로 한 집에서 하나의 사탕만 가져가라고 이야기를 한 뒤 총 18개 주택에 무인으로 사탕 바구니를 꺼내놓았는데요. 그 가운데 9개에는 사탕 바구니 앞에 거울을 놓아 자기의 모습이 보이게 했다고 합니다. 그러자 놀랍게도 아이들은 거울이 없는 집에서는 두 개 혹은 세 개의 사탕을 가져갔지만, 거울이 있는 집에서는 하나의 사탕만 가져갔다고 합니다.

이러한 모습은 우리 주변에서도 쉽게 찾아볼 수 있습니다. 조깅을 하는 사람은 아무도 없을 때보다 주변에 사람이 많을 때 더 열심히 달린다고 하고, 화장실을 이용한 후에도 아무도 없을 때보다 다른 사람이 있을 때 손을 더 자주 씻는다고 합니다. 그만큼 우리 인간은 다른 사람을 의식하며 사는 사회적인 동물임이 분명합니다.

부모님이 자녀를 소중하게

그렇다면 우리 아이들의 가치는 누가 결정할까요? 저는 바로 부모님이라고 생각합니다. 매일 보는 부모님께서 자녀를 대하는 모습은 다른 사람에게 거울처럼 작용할 것입니다. 귀하고 소중한 존재로, 나 먼저 아끼고 사랑하는 모습을 보여주세요. 물론 마음은 모두 똑같다는 것은 잘 알고 있습니다. 그런데 행동은 마음과 반대인 경우가 간혹 있습니다. 매일매일 똑같은 일을 반복하며 살다 보면 마음처럼 행동하기 쉽지 않습니다.

"선생님, 오늘도 아이에게 짜증을 내고 말았어요. 아이를 재우고 생각해보니 그렇게 짜증 낼 일은 아니었는데 왜 저는 자꾸 짜증이 날까요?" 하는 부모님의 하소연을 들으면 안타까운 마음입니다. 육아와 집안일에 지쳐 스트레스가 가득한 상태에서 자녀에게 짜증이 날 수 있습니다. 하지만 스트레스가 가득한 상황에서는 어떠한 결정도 하지 말라는 말이 있듯이 그 상태에서는 어떠한 훈육도 훈육으로 작용하지 못합니다. 오히려 자녀와의 관계에 악영향을 줄 뿐 긍정적인 어떤 것도 기대하기 어렵습니다.

그렇다면 나부터 우리 아이를 소중하게 생각해보면 어떨까요? 자녀를 가장 잘 이해하는 분이 바로 부모님이시니까요. 8천만 원짜리 악기를 다루듯 세상에 하나밖에 없는 내 아이를 소중하게 길러봅시다. 그런 나의 모습을 지켜보는 사람들, 활동 보조사, 특수교육 실무원, 특수교사까지 자연스레 소중한 아이로 여기리라 믿습니다.

Chapter 14

특수학교와 특수학급,
어디로 보낼까요?

　　특수교사로 근무하면서 가장 많이 듣는 질문이 "선생님, 특수학급이 좋아요? 아니면 특수학교가 좋아요?"입니다. 그런 질문을 들을 때면 흡사 '엄마가 좋아, 아빠가 좋아'만큼 당혹스럽습니다. '사랑하는 자녀의 학교 입학을 앞두고 얼마나 고민이 될까?' 이해가 되면서도 다른 한편으로 이런 고민이 오롯이 부모의 몫이라는 게 안타깝기도 합니다. 결론부터 말씀드리겠습니다. 어디가 좋은지는 아이에 따라 다릅니다. 어떤 아이에게는 학급의 환경이 분명 좋을 수 있고 다른 아이는 학교의 환경이 좋을 수 있습니다.

　　자녀의 장애를 받아들이고 나서 많은 것을 내려놓았다고 생각했지만, 막상 자녀가 학령기가 되면 또 고민에 빠지게 됩니다. 결정은 늘 부모님의 몫이었으니까요. 그런 고민 자체가 부모님에게는 고통일 수 있지만, 한편으로는 자녀를 깊이 바라보는 좋은 기회가 되기도 합니다. 과연 어떤 교육환경이 우리 아이에게 좋을지 함께 생각해보겠습니다. 여기서 가장 핵심이 되는 것은 자녀의 특성과 장애 정도를 고려해야 한다는 것입니다.

특수학급

특수학급은 특수교육 대상 학생의 통합교육을 지원하기 위해 일반 학교 내에 설치된 특수교육이 제공되는 학급입니다. 학습도움실, 도움반으로 불리기도 합니다. 특수교육 연차보고서에 따르면 2021년을 기준으로 전체 특수교육 대상자의 약 55%[15]가 특수학급에 배치되어 있습니다.

학급이 좋다고 생각하시는 부모님들은 대부분 이런 생각을 하십니다. "그래도 다른 친구들에게 보고 배울 게 있어야 하지 않겠어요?" 바로 관찰학습에 대한 이해입니다. 그리고 통합에 대한 미련도 남아있습니다. "지금 이때가 아니면 언제 내 아이가 일반 아이들과 함께 어울릴 수 있겠어요." 맞는 말씀입니다. 관찰학습은 대리 학습이나 모델링이라고도 하며 반두라라는 학자에 의해 알려졌습니다. 그의 사회학습이론에 따르면 다른 친구들의 행동에 주의를 기울이고 기억했다가 따라 해보는 단계를 통해 학습이 이루어

진다고 했습니다. 특히 또래 아이들이 집단으로 모여있는 학급은 사회화가 이루어지기 딱 적합한 장소입니다.

하지만 부작용도 있습니다. 우리 아이가 학급의 다른 또래 아이들의 아주 바람직한 모습만 따라 배우는 것은 아니라는 점입니다. 오히려 역설적으로 하지 말았으면 하는 행동을 더 쉽게 배우기도 합니다. 또 내 아이의 작은 행동도 매우 도드라지게 보인다는 단점이 있습니다. 작은 행동이라고 할지라도 또래들과는 다른 행동이라면, 또래 아이들에게는 매우 크게 느껴지는 법입니다. 오늘 학교에서 한 번 울고 떼를 썼다면 내일은 전교생이 알아볼 정도로 시선이 우리 아이에게 집중되게 됩니다. 어른도 시선이 자신에게 집중되면 긴장하게 되듯이 우리 자녀도 많은 학생이 유심히 지켜보는 것을 느끼면 자연스레 긴장감이 높아진답니다. 긴장감이 높으면 실수가 따르게 되고 실수는 곧 이상함에 대한 낙인이 될 확률이 높습니다.

특수학교

학교가 더 좋다고 생각하시는 부모님들은 그 이유로 특수교육에 대한 전문가로 구성된 학교 구성원을 꼽습니다. 유연한 교육과정과 자녀를 잘 이해해주는 선생님이 계십니다. 또한 수용성이 아주 높습니다. 수용성이란 받아들여지는 정도를 의미합니다. 우리 아이의 어떤 행동이 매우 이상하게 여겨진다면 아이는 어떤 기분일까요? 아마도 아이의 자존감에 매우 큰 상처가 될 것입니다.

특수학교는 특수학급에 비해 장애에 대한 이해와 수용이 너그럽습니다. 교직원 모두가 특수교육 전문가로 장애에 대해 잘 이해하고 아이의 특성을 잘 받아줍니다. 그래서 아이가 편안함을 느끼는 경우가 많다고 합니다. 학급당 인원이 적어 개인별 차이에 집중해 줄 수 있다는 것도 장점입니다. 특수학교의 학급당 인원은 법적으로 초등학교 저학년은 4명, 고학년은 6명, 중학교 과정 6명, 고등학교 과정은 최대 7명으로 규정하고 있습니다.

그러나 역시 관찰학습과 통합교육에 대한 경험의 부족은 부담으로 남습니다. 또한 장애 자녀를 키우는 내 눈에도 특수학교에 있는 친구들은 이상하게 보일 수도 있습니다. 휠체어나 침대에 누워있는 아이들도 있으니까요. 내 자녀의 친구들이 좋은 친구들이길 원하는데 특수학교에서 좋은 친구들이 있을까 염려스러워집니다. 혹시 다른 친구들의 행동을 모방이라도 하면 어쩌나 하는 고민도 벽으로 느껴질 수 있습니다.

자녀에게 어떤 것이 더 필요하다고 느끼시나요?

그래서 저는 부모님께 다음과 같은 질문을 드려봅니다.

첫째, 자녀가 기초학습이 잘 되어 있고, 교육적 요구도 있는 경

105

우입니다. 또래와 비교하여 또래 수준의 학습을 할 수 있고 보다 발전할 가능성이 있다고 느껴지시면 특수학급에 가는 것을 추천합니다. 최대한 통합교육의 기회를 누리고 다양한 정보와 자극을 받으며 성장할 수 있는 범위까지 올라갈 수 있도록 지원할 수 있습니다.

둘째, 자녀가 자신감 있고 밝게 자라는 것을 바라신다면 특수학교를 고려해보시길 바랍니다. 특수학교는 학급당 인원이 최대 7명이며 전 직원이 특수교육에 대한 전문가이거나 이해가 있는 사람들입니다. 따라서 자녀에 대해 이해가 빠르고 강점을 찾아내는 경우가 많습니다. 특히 특수학교에서는 인지적인 부분의 발달보다는 사회성의 발달에 비중을 두기 때문에 즐겁고 재미있는 일이 많습니다. 다시 말해, 책으로 배우는 것보다는 직접 경험하고 체험하면서 느끼는 과정이 많습니다.

특수학급에서 소외되고 주목받지 못하던 아이가 특수학교로 전학해 와서는 1~2년 사이에 자신감 넘치는 밝은 아이로 달라지는 사례를 자주 봅니다. 특히 합창단, 오케스트라, 체육 특기 활동 등 특수학교만의 다양한 특색활동 프로그램에 참여할 기회도 많아집니다.

물론 저의 경험과 생각에 근거한 개인적인 의견임을 밝혀드립니다. 주변에 입학과 전학을 할 수 있는 학교 상황을 살펴보고 통학 거리도 고려하셔서 결정하시는 게 가장 좋습니다.

Chapter 15

최소 제한 환경?
최대 아동 중심 환경!

무엇을 비교할 때 우리는 기준을 사용합니다. 어떤 결정을 할 때도 마찬가지입니다.

도로에서 운전을 하는 사람에게 물어보면 두 부류의 운전자가 존재한다고 합니다. 나보다 빠른 자동차(운전자)와 나보다 느린 자동차(운전자)입니다. 나보다 빠른 차를 만나면 "오 전을 저렇게 위험하게 하다니, 죽으려면 혼자 죽지." 하며 혀를 차게 되고, 나보다 느린 차를 만나면 "저것도 운전이라고, 답답해 죽겠네." 하며 답답해한다고 합니다. 웃으라고 하는 말이지만 이것은 이 세상에서 내가 가장 정상이고 내가 기준이라는 생각에서 발생하는 오류라고 생각합니다.

최소 제한 환경

우리는 모든 일을 결정할 때 기준이 필요합니다. 다양한 것이 기준이 될 수 있지요. '최소한'이라는 것을 기준으로 할 수 있습니다. '최소한 이것은 있어야 합니다.'라는 것으로 대부분 시설이나 환경적인 기준이 여기 해당합니다. '최소한 이 정도는 해야 합니다.' 또는 '최소한 이것은 하지 맙시다.' 정도가 되겠습니다.

특수교육에서 최소 제한 환경이라는 말이 사용된 것은 1976년으로 거슬러 올라갑니다. 당시 미국에서는 정확한 공간의 개념이 마련되지 않았기에 특수교육 대상자를 어디에 배치할지 논란이 많았습니다. 따라서 미국 특수아 교육위원회에서는 '아동의 교육적 요구를 만족스럽게 충족시키기 위해 최소로 제한된 환경에서 교육받아야 한다.'라는 개념을 제시하였습니다. 이는 자연스럽게 미국의 공법 94-142[16]에 의해 정규 학급에서 함께 교육받을 권리를 보장하는 것으로 발전하였습니다.

저는 최소 제한 환경이 가지는 한계도 있지만, 의의도 분명히 있다고 생각했습니다. 가장 큰 의의는 방향성입니다. 장애가 있다고 무턱대고 시설로 보내는 것이 아니라 가장 통합된 상태(일반학교의 일반학급)에서 시작해 필요에 따라 한 단계씩 내려가게 되었으니 특수교육에 있어 획기적인 인식의 변화인 셈입니다.

그러나 한계도 분명히 있습니다. 제한적인 환경이라는 개념 자체가 매우 상대적이기 때문입니다. 어떤 아이가 최상위인 일반학교의 일반학급에 배치되었다고 해도 배치하면 끝나는 것일까요? '가장 통합된 환경에 배치했으니 최소 제한 환경을 지켰군.' 하고 그칠 것이 아니라 여전히 교육적 요구가 충족되지 못한다면 거기 역시 제한적인 환경일 수 있다고 생각해야 한다는 것입니다.

그래서 저는 최소 제한 환경을 따지는 것이 아니라 최대 아동 중심 환경을 따져야 한다고 생각합니다. 제한을 덜 하는 환경을 찾아가는 게 아니라 어느 환경이 우리 아이를 가장 잘 보듬을 수 있는지 보는 것이 필요합니다. 가장 덜 제한된 환경이 아니라 가장 지원이 잘 되는 환경, 자녀를 중심에 두고 둘러싼 환경을 조정하는 노력이 필요한 이유입니다.

모두가 수용되는 곳 AAC[17] 마을

서울시 마포구에서는 AAC 마을이라는 곳이 있습니다. 기사를 보니 전국적으로 조금씩 확대되고 있는 것 같습니다. 한 식당에 들어가니 입구부터 그림으로 된 의사 소통판이 있습니다. 마약 김밥이라는 상호의 식당입니다. 식당에서 판매하는 메뉴와 그에 따른 재료, 그리고 가격도 그림으로 표시되어 있었습니다. 또한 주문에 관련된 대화가 그림으로 표시되어 있어 말을 하지 않고도 정확한 주문이 가능했습니다.

저는 잠깐 생각해보게 되었습니다. 그냥 김밥을 주문하는 일과

참치김밥을 주문하는 일, 그 차이는 아무것도 아닌 것처럼 보이지만 누군가에게는 천지 차이만큼 힘든 일일 수도 있겠다는 생각이 들었습니다. 그런데 참치김밥과 그냥 김밥의 그림이 메뉴판에 있으면 손가락으로 짚는 것으로 구분해 주문할 수 있으니 참 좋은 방법이라는 생각이 들었습니다.

다음은 마포구 도서관입니다. 도서관에서 지켜야 할 예절이나 주의사항이 그림으로 표시되어 있었습니다. 도서 찾기와 대출, 반납과 관련된 대화는 기본이고 열람실에서 지켜야 할 예절과 필요한 대화도 그림으로 제작되어 있었습니다. 발음하기 어려운 장애인이나 자폐성 장애가 있는 사람들이 걱정 없이 의사소통을 할 수 있겠다는 생각이 들었습니다.

마포 장애인 종합 복지관 옆에 있는 카페에 들렀습니다. 이곳 역시 AAC존이 마련되어 있었습니다. 카페에서 주문하는 것은 매우 어려운 일에 속합니다. 그런데 AAC판이 있어서 주문을 수월하게 할 수 있는 것을 보았습니다. 사장님께 활용 정도를 여쭤보니 아직 많은 분이 활용하고 있지는 않지만, 분명히 조금씩 늘고 있으며 카페 입장에서도 훨씬 주문받기가 수월하다고 하십니다. 일화도 들려주셨습니다.

장애인 종합 복지관에 다니는 손님이 자주 들러 커피만 주문하시곤 했다고 합니다. '커피'라는 두 글자도 발음하기 위해 많은 노력이 필요했던 뇌병변 장애인이신 그분은 거의 매일 들르셔서 커피를 주문했는데, "커-피"라고 말했다고 합니다. 그냥 커피를 좋아하시는 분으로 생각하고 배려하는 입장에서 다른 것은 묻지 않고 기본 아메리카노를 제공했다고 합니다. 일명 뜨아(뜨거운 아메리카노의 준말)라고 불리는 것 말입니다.

그런데 주문을 위한 AAC판을 설치하고 나서 그분이 가장 먼저 주문한 음료는 뜨아가 아니라 바로 '아이스라떼'였다고 합니다. AAC 메뉴판에 있는 얼음과 우유를 짚으시며 옵션을 선택하셨다고 합니다. 그분이 정말 원했던 것은 시원하고 달콤한 커피였던 것입니다.

Chapter 16

선택을
연습하기

우리는 살아가면서 얼마나 많은 선택을 할까요?《미라클 모닝》의 저자 김미경 님에 따르면 보통 사람들은 평균 200가지의 선택을 하며 살아간다고 합니다. 그래서 지금의 나는 그동안 내가 했던 선택의 결과라는 말도 있습니다. 프랑스의 철학자 폴 사르트르는 "인생은 태어날 때부터 죽을 때까지 선택의 연속이다."라는 뜻으로 삶은 B와 D사이에 C다.(Life is C between B and D)"라고 했다고 하지요. 탄생(Birth)에서 죽음(Death)까지 선택(Choice)한다는 뜻입니다.

그렇다면 질문을 바꿔보겠습니다. 우리 자녀들은 하루에 몇 번의 선택을 할까요? 아이들의 상황과 환경이 모두 달라 쉽게 가늠할 수는 없겠지만 어른인 우리에 비해 훨씬 더 적은 선택을 할 것이라고 짐작할 수 있겠습니다. 한 10%인 스무 가지 정도 될까요? 그것도 많을까요? 아니면 더 적을까요? 새삼 제가 선택의 이야기를 시작하는 것은 그만큼 우리 자녀들에게 선택할 수 있는 기회가 너무 적다는 생각 때문입니다.

선택을 잘하는 아이로 키우려면

우리의 자녀가 선택을 잘하기를 바라십니까? 그렇지 않기를 바라십니까? 아마 선택을 잘못하기를 바라는 부모님은 단 한 분도 없을 것으로 확신합니다. 그럼 자녀가 선택을 잘하는 사람이 되도록 어떻게 키우고 있으신가요?

선택을 잘하는 사람이 되기 위해서는 선택을 많이 해봐야 합니다. 고기도 먹어본 사람이 잘 먹는다고, 선택도 해본 사람이 잘할 수 있습니다. 우리가 특수교육의 궁극적인 목적으로 생각하는 자립 생활은 스스로 선택할 수 있는 능력을 그 첫걸음으로 합니다. 그런데도 우리는 자녀의 선택 기회를 과도하게 제한하는 실수도 합니다. 아이의 선택보다는 내 선택이 더 효율적이고 좋다는 생각 때문입니다.

물론 부모님의 판단이 더 빠르고 효율적인 것은 맞습니다. 하지만 자녀는 그런 상황에서 선택의 기회를 빼앗기게 되고 영원히 부모님 또는 누군가가 선택해주기를 기다릴 수밖에 없게 됩니다. 이렇게 이야기하는 부모님이 계실지 모르겠습니다. "아이한테 선택하라고 하면 아이가 자기가 좋은 것만 선택하려고 하지, 싫어하는 것을 하려고 할까요?" 맞습니다. 좋아하는 것과 싫어하는 것을 두고 선택하라고 하면 아이는 당연히 좋아하는 것을 선택하겠지요. 부모님은 그렇지 않으신가요?

그래서 선택에 대한 연습과 선택할 수 있는 상황이 중요한 것입니다. 선택을 잘하는 자녀로 키우고 싶으시다면 지금 당장 자녀에게 선택의 기회를 주시면 됩니다. 그럼 선택의 기회를 어떻게 줄 수 있는지 생각해봅시다. 선택은 여럿 가운데 하나를 뽑는 것을 말합니다. 그런데 선택에는 결과가 따릅니다. 여럿 가운데 하나를 뽑는다는 것은 뽑은 것에 뒤따르는 결과도 책임진다는 것을 의미합니다. 그렇지 않으면 선택에는 의미가 없습니다. 그럼 뒤따르는 결과가 책임지기 어려운 것이라면? 선택의 기회를 주어서는 안 되겠죠. 가령 이런 것입니다.

"오늘 학교 갈래? 안 갈래?"

이런 질문을 한다고 가정해봅시다. 자녀가 혹시 '안 갈래'를 선택한다면 어떻게 하시겠습니까? 그랬을 때 보내지 않아도 된다면 괜찮습니다만 대부분 가정에서는 '무슨 소리!' 하며 학교에 보내게 될 것입니다. 만약 이런 상황이라면 이 아이는 선택을 경험한 것일까요? 아쉽게도 아닙니다. 아이가 선택하게 했지만 그 결과를 선택하지 못했기 때문에 그 선택은 선택으로 기억되지 않습니다. 대신

이렇게 물어볼 수는 있습니다.

"오늘 학교 갈 때 이 빨간색 가방 들고 갈래? 아니면 파란색 가방 들고 갈래?"

결과까지 책임지는 선택의 경험

질문의 차이를 아시겠는지요? 완성된 선택의 경험은 선택할 수 있는 상황과 그 선택의 결과를 모두 포함해야 합니다. 때로는 선택의 결과가 질적으로 더 나쁜 것일 수 있지만 일단 선택하게 했다면 나쁜 결과도 경험하게 해주세요. 그리고 나쁜 결과를 경험한 자녀에게는 선택을 잘해야 함을 알려줄 좋은 기회가 됩니다.

자, 이제 실습해보겠습니다. 자녀에게 '하루에 10개씩 선택하게 하자.'라고 목표를 정해보세요. 그리고 선택의 기회를 만들어주세요. 어떤 선택의 기회를 주시겠습니까? "밥 먹을래, 안 먹을래?", "잠잘래, 안 잘래?"와 같은 질문은 곤란합니다. 자녀가 평소에 하던 생활 습관을 관찰하시고 거기에 하나 더 옵션을 만들어주세요. 처음에는 쉽지 않을 겁니다. 옵션을 하나 더 만드는 게 이렇게 어려웠나 싶겠지만 포기하지 않으시길 응원합니다. 자녀의 선택이 반복되고 그 선택에 관한 결과를 경험할수록 주도적인 자녀로 성장할 것입니다.

Chapter 17

힘 싸움을 하면
안 되는 이유

중학교 3학년이었던 D는 참 가르치기 힘들었던 아이 가운데 하나로 기억됩니다. 인사성도 좋고 교사에게 인정받기 위해 노력했던 D는 학기 초에는 보석 같은 아이로 여겨졌습니다. 그런데 새 학기를 시작한 지 얼마 되지 않아 놀라운 사실을 알게 되었습니다. 신학기 학부모 상담을 통해 알게 되었는데 D가 집에서는 어머니를 때린다는 것입니다. 물론 자기가 원하는 것을 이루지 못했을 때 또는 야단을 맞았거나 기분이 좋지 않은 순간으로 한정되기는 하겠지만 그래도 자기의 의사 표현을 힘으로 한다는 것은 매우 위험한 일이기 때문에 적잖이 당황했습니다.

선생님, 체벌해도 되나요?

특수교육 현장에 있으면서 가끔 듣는 질문이 있습니다. '선생님, 체벌을 해도 되나요?', '선생님, 아이도 잘못이라는 것을 알게 해야 하지 않을까요?', '자기도 잘못을 했으면 벌을 받는다는 것을 알아야 하지 않을까요?' 네, 모두 맞는 말씀입니다.

하지만 그 잘못을 알게 하는 과정에 힘이 들어가면 안 됩니다. 체벌은 권위로 해야 합니다. 권위는 자녀가 부모님을 따르게 하는 힘을 말합니다. 권위는 어떻게 가질 수 있을까요? 어디서 파는 건지 알려드릴 수 있다면 좋겠습니다만 권위는 어디서 사고파는 것은 아닙니다. 만들어지는 것이기 때문입니다. 권위는 부모님의 일관된 태도로 만들어집니다. 우리가 흔히 하는 오해는 권위는 곧 엄격해야 한다는 것입니다. 하지만 권위와 엄격은 엄연히 다릅니다. 엄격은 힘의 논리가 작용합니다. 하지만 권위는 스스로 따르게 하는 힘이 있습니다.

힘의 논리

힘의 논리를 생각해봅시다. 힘의 논리가 가장 쉽게 느껴지는 이유는 가장 단순하고 본능적이기 때문입니다. 예전에 한 부모님과 이야기를 나눈 적이 있습니다. 우연히 영상 하나를 보게 되었다고

"사랑해"

합니다. 코끼리 조련에 대한 영상인데 코끼리가 조련사의 지시에 따라 발도 들고 춤도 추고 코로 그림까지 그리더라는 것입니다. 그러면서 코끼리도 이렇게 배울 수 있는데 우리 아이들도 배울 수 있지 않겠느냐며 이야기를 이어갔습니다.

그분은 제게 특수교육의 효과를 위해 좋은 의도로 이야기를 해주었는지는 모르겠지만 저는 불편함을 느꼈습니다. 저는 가장 먼저 우리 아이들은 코끼리가 아니라는 것과 코끼리가 그 경지에 이르기까지 받았을 것으로 추정되는 학습의 과정을 설명해드렸습니다. 육지에서 사는 동물 가운데 몸집이 가장 큰 동물인 코끼리가 자기보다 훨씬 작은 조련사를 상대로 무조건 순종하게 하는 것은 어떻게 하면 가능할까요?

그건 '파잔[18]' 같은 일을 통해서입니다. 파잔은 일명 코끼리의 성인식 같은 것인데, 코끼리가 자라면 트레킹용으로 사용하기 위해 길들이기를 합니다. 이때 코끼리에게 순종을 가르치기 위해 꼼짝 못 하게 결박하고 조련사가 때리고 굶기며 두려움의 시간을 겪게 한다고 합니다. 처음에는 힘을 다해 결박을 풀어보려고 하지만 하면 할수록 폭력이 강해집니다. 이를 통해 코끼리에게 정신적인 충격과 무력감을 심어준다고 합니다. 완전히 체념하도록 만듭니다. 오죽하면 이를 두고 '영혼을 파괴하는 일'이라고 할까요. 절대적인 힘의 논리로 코끼리를 완전히 굴복시키는 것입니다.

생존의 본능

우리도 생존에 대한 본능이 있습니다. 생존에 대한 본능은 나보다 힘이 센 사람은 피하고 나보다 힘이 약한 사람의 것은 빼앗는 것입니다. 아이가 말을 잘 안 듣고 떼를 쓸 때 아이를 달래려면 100의 힘이 필요하다고 가정해봅시다. 아이에게 전후를 설명하고 이해시키는 데는 1,000의 힘이 필요합니다. 그러나 손에 힘을 꽉 주고 팔을 세게 잡고 강렬한 눈빛을 주는 데는 10밖에 필요하지 않습니다. 거기에 애증의 꿀밤 한 대가 더해지면 그 반응은 즉각 이루어집니다.

하지만 그다음은 어떨까요? 행동은 반복해서 일어납니다. 점점 아이를 제압하기 위한 힘은 커지게 됩니다. 분명한 것은 아이는 자라고 부모님은 늙는다는 것입니다. 우리는 그런 현상을 힘의 역전이라고 합니다.

언젠가 힘은 역전됩니다

힘이 역전되는 순간은 빠를 수도 있고 느릴 수도 있습니다. 하지만 분명히 옵니다. D의 경우는 중학생이 되면서부터였다고 합니다. 언제나처럼 차에서 내려 이동하다가 "하기 싫어." 하는 D와 "그래도 해야 해." 하던 어머니가 실랑이하고 있었는데 어깨를 확 밀치는 D에게 그만 뒤로 밀리면서 손을 놓치고 말았다고 합니다. 그리고 그때부터 D는 하기 싫을 때마다 엄마를 밀치기 시작했고 때리는 것으로 발전했습니다.

아이가 그동안 힘의 논리로 통제되고 학습했다면 본능적으로 힘의 역전을 이용하게 됩니다. 그렇게 배웠기 때문에 그렇게 행동하는 것입니다. 그때는 후회해도 소용이 없습니다. 우리가 자녀를 양육하면서 양육의 목적이 조건 없는 순종이 되면 안 되는 이유입니다. 저는 저의 아이가 어디서든지 무조건 순종하는 아이는 아니었으면 좋겠습니다. 장애를 가졌다면 더더욱 아니어야 합니다. 자신이 하고 싶은 것은 하고 싶다고, 하기 싫은 것은 하기 싫다고 말할 수 있는 아이기를 바랍니다.

권위 있는 부모가 되기 위해

미국의 아동 전문가인 다이애나 바움린드(Diana Baumrind)는 부모의 양육 태도를 4가지로 나눈 바 있습니다. 애정의 정도와 통제의 정도에 따라 분류한 것인데 독재적인 부모와 무관심한 부모, 허용적인 부모와 민주적인 부모가 그것입니다.

우리가 집중해야 할 것은 바로 민주적인 부모인데, 자녀에 대한 애정도 높으면서 통제도 높은 형태를 말합니다. 다시 말해 사랑할 때는 사랑하지만 잘못에 대해서는 바르게 지도한다는 것입니다.

권위 있는 부모가 되고 싶으신가요? 그럼 첫 번째로 분명한 기준이 필요합니다. 어떤 때는 되고 어떤 때는 안 되는 기준은 우리 자녀들에게 큰 혼란을 가져옵니다. 기분이 좋을 때는 "괜찮아."라고 했다가 기분이 안 좋을 때는 "그동안 밀린 것까지 혼나자."라고 하면 자녀는 분명 부모님의 기분을 살피며 눈치 보는 아이가 될 것입니다.

특히 자기의 기준이 분명하고 규칙을 잘 따르는 우리 아이들에게는 정확한 기준이 필요합니다. 그리고 기준에 따라 잘못을 지적할 때는 이유와 설명이 필요합니다. 그냥 잘못한 순간만 지적하지 마시고 왜 그런지, 왜 하지 말아야 하는지를 설명해주서야 합니다. 아이가 비록 듣지 않는다고 해도 말입니다. 그리고 감정의 폭발은 자녀와의 관계에 치명적인 상처를 냅니다. 너무 화가 난 경우라면 잠시 시간을 가지고 나서 차분한 마음으로 자녀에게 다가가시길 바랍니다. 작은 것에서부터 하나씩 쌓아가는 부모의 권위. 지금은 힘들어보이지만 권위가 생기고 나면 남은 시간이 훨씬 여유롭고 고상해진다는 것을 잊지 마세요.

Chapter 18

부모,
그 위대한 이름

　　　　　　　　　특수교육을 하면서 중요하게 생각하
는 한 가지가 있다면 바로 최대한 가정으로 들어간다는 것입니다.
저는 특수교육의 열쇠가 바로 집에 있다고 믿기 때문입니다. 어린
자녀를 키우시는 부모님부터 부모님보다 훨씬 덩치가 크고 장성
한 자녀를 키우는 부모님까지 많은 사례를 보면서 느낀 점이 있습
니다.

　사실 특수교육의 역사는 부모님들의 투쟁의 역사였음을 부인
할 수 없습니다. 자녀들의 권리를 옹호하기 위해 그리고 더 나은
환경을 만들기 위해 학부모님들은 세상과 투쟁하셨고 그것은 현
재도 진행형입니다. 우리 아이들의 권리는 누구도 대신 주장해주
지 않기 때문입니다.

거창하게 법정에서 싸우며 우리 자녀들의 권리를 되찾은 이야기가 아닙니다. 나사에 들어갔던 흑인 여성이 백인을 초월하며 미국 우주 역사를 다시 썼다는 영화 '히든 피겨스[19]'의 주인공이 아니어도 괜찮습니다. 지금도 초등학교 교문을 지키시는 부모님, 자녀의 생일에 반 친구 전체를 집으로 초대하여 파티하셨다는 부모님, 자녀의 친구를 자녀보다 더 많이 알고 자주 연락하는 부모님, 학급 일에 앞장서며 궂은일을 마다하지 않는 부모님, 또 그렇게 할 수 없는 상황이라 안타까운 마음뿐인 부모님이라도 장애 자녀를 둔 부모님은 모두 위대합니다.

내가 잘하고 있나?

부모님 한 분과 대화할 기회가 생겨 부모님께 가장 힘드신 게 무엇인지 여쭈었습니다. 그분은 주저 없이 '내가 잘하고 있나?'라는 생각이 가장 힘들다고 하셨습니다. 아이를 위한 일이라면 가리지 않고 뛰어들고 최선을 다하고 있지만, 문득 스치는 이 생각은 정말 어떻게 할 수 없다고 했습니다. '내가 하는 게 맞는 건가?', '내가 괜한 고생을 시키는 건 아닐까?', '이럴 때는 어떻게 해야 하지?' 이런 생각이 들 때 물어볼 수 있는 곳이 있다면 좋겠다고 하셨습니다. 누구나 처음 가는 길은 두렵고 험난합니다. 하지만 앞에서 먼저 경험한 사람이 있다면 위로가 됩니다.

한라산을 오르며 배운 것

저는 한라산 오르는 것을 좋아합니다. 특히 성판악에서 시작되는 탐방코스를 좋아하는데 이유는 백록담까지 올라갈 수 있으면서도 비교적 완만한 코스이기 때문입니다. 물론 그래도 왕복 19.2km에 달하는 고된 길임에는 분명합니다. 산을 오르다 보면 숨이 턱밑까지 차오르고 땀이 흥건해질 때가 있습니다. 다리는 후들거리고 한 걸음이 힘겹게 느껴질 때 말입니다. '이제 그만 올라갈까?' 하는 생각이 들기도 합니다.

그때 고개를 들어 정상을 바라보면 저 멀리 정상이 보이고 그 아래 인상적인 몇 지점들이 보입니다. 솔직히 지금 정상이면 좋겠다는 생각이지만, 대신 '아, 내가 지금 저기까지만 올랐으면 참 좋겠다.'라는 생각이 들 때가 있습니다. '저기 계단이 시작되는 점에만 있어도 좋겠다.' 또는 '지금이 진달래밭 대피소라면 좋겠다.' 같은 식입니다. 순간 이동 기술 같은 능력이 있다면 지금이 바로 사용할 때입니다. 머리카락을 한 올 뽑아 '후' 하고 불고 싶은 심정[20]입니다.

하지만 현실에서는 결코 그런 일은 없습니다. 다만 그저 한 걸음 한 걸음을 걷기만 할 뿐입니다. 그런데 놀라운 것이 있습니다. 그렇게 한 걸음씩 걷다 보면 어느새 제가 아까 '저기였으면 좋겠다.' 했던 그 지점에 와 있더라는 것입니다. 뒤를 돌아보니 내가 서 있었던 곳에 여전히 오르는 사람들이 보입니다. 역시 세상에 한번에 이루어지는 것은 없습니다.

한 걸음, 한 걸음

세상의 모든 부모님이 자녀에게 다가가는 교육의 방식은 서로 다를 수 있습니다. 하지만 분명한 것은 모두 바른길을 걷고 있다는 것입니다. 저기 앞서 있는 사람도 부러워 마시고 저 뒤에 있는 사람에게 자랑하지도 마세요. 한 걸음, 한 걸음 내딛듯이 오늘 하루, 다시 하루를 살아가면 됩니다. 힘들면 잠시 쉬었다 가세요. 옆에 함께 걷는 동료를 만나면 함께 가세요. 함께 가다가 서로의 속도가 달라지면 또 서로 각자의 길을 가세요. 우리 모두 인생을 걷는 사람들로 한 걸음, 한 걸음 나아가면 됩니다. 그 걸음을 응원합니다.

Chapter 19

앞치마에
담긴 사랑

'카톡'

아침에 출근하는 길에 카톡 알림이 왔습니다.

'누구지?'

궁금한 마음에 휴대전화를 들어 메시지를 열어보니, 보낸 사람
은 우리 반 학부모님입니다. 메시지에는 다른 말씀은 없고 웬 앞치
마 사진이 하나 덩그러니 올라왔습니다. '이게 뭐지?' 막 궁금하던
찰나에 메시지가 다시 도착합니다.

"선생님, 미술 수업하시는 사진 봤는데, 앞치마가 없으신 것 같아서요. 집에 있는 것으로 하나 보내드립니다. 앞치마 하시고 편하게 활동하세요."

학교 단체 대화방에 공개된 활동 모습을 보신 모양입니다. 미술 수업을 하는데 다른 선생님들은 앞치마를 입었는데 저만 입지 않았더라고 하셨습니다. 앞치마 없이 아이들을 지도하는 내 모습이 마음에 남으셨는지 집에 있는 것이라고 하시면서 보내주셨습니다. 사실 저는 남자라 앞치마가 좀 어색한 것은 사실입니다. 하지만 참 고마운 마음입니다. 부모라면 누구나 학교 앨범이나 교육 활동을 하는 사진에서 자기 자녀 찾기에만 바쁜 것이 당연한데 어찌 그 사진에서 앞치마 없는 담임의 모습을 보셨을까요?

코로나 때문에 학부모님들이 학교에 오시지 못한 지 벌써 2년이 넘었습니다. 학부모 공개수업도 모두 비대면으로 전환되었고 교육 상담도 모두 전화 통화로 대신합니다. 아이들이 있는 학교에 혹시나 방문하게 되면 자녀의 학교생활이 궁금해서 교실에 한번 올라가 볼까 하시다가도 혹시 일이 생길까 싶어 참으시는 모습을 피부로 느낄 수 있습니다.

엄마

사진을 보다 보니 미술시간에 앞치마 없는 선생님 모습이
보였어요.
집에 있는 앞치마 하나 보내니 착용하시고 아이들이랑
편안한 미술시간 되세요.

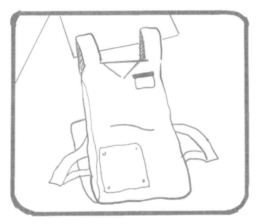

오후 2:42

아이고~ 이렇게 세심한 배려가 ^^
감사합니다. 잘 사용할게요
어머님의 따뜻한 사랑에 힘입어 이번 주도 잘 보낼게요!

오후 2:56

 엄마

항상 우리 아이의 두 손이 되어 주셔서 감사합니다. ^^

오후 3:02

129

진정한 소통은

요즘 학교에서 다툼의 소리가 심심치 않게 들립니다. 불가피한 상황이 있을 것임을 모르는 바 아니나 마음이 씁쓸한 것은 어쩔 수 없습니다. 학생과 교사 그리고 학부모의 관계가 언제부터 이렇게 강퍅해졌을까요? 이를 회복하는 방법은 없을까요?

저는 그 해답이 소통에 있다고 생각합니다. 소통의 뜻을 찾아보면 '막히지 아니하고 잘 통함'이라고 나옵니다. 다음으로는 '뜻이 서로 통하여 오해가 없음'입니다. 그렇습니다. 뜻이 서로 통하면 오해가 없는데 지금은 뜻이 잘 통하지 않는 것이 문제인 것 같습니다. 다양한 방법으로 소통한다면, 그래서 교사와 학부모의 진심이 전해진다면 오해는 없어질 것이라고 믿습니다.

앞치마를 보내주신 마음이 감사해서 착용한 모습을 찍어 감사 인사와 함께 보내드렸습니다. "어머님, 감사합니다. 앞치마가 있으니 훨씬 편하네요." 사진을 보신 어머님께서 바로 답장을 주십니다. "에구~ 이쁘네요. 선생님께서 늘 우리 아이의 손과 발이 되어주시는데 오히려 늦었습니다. 미리 살피지 못해서 죄송합니다." 챙겨주시면서도 오히려 늦어 죄송하다고 하십니다. 부족한 담임인데도 예쁘게 봐주시는 마음이 고맙습니다.

갑자기 마음이 따뜻해집니다. 적어도 우리 사이엔 무엇인가 서로 통하고 있음을 느꼈습니다. 교실 온도가 1℃는 오른 것 같습니다. 우리의 교육이 이런 모습이면 좋겠다는 생각이 들었습니다. 교사는 아이를 바라보고, 학부모는 뒤에서 담임을 바라보는, 서로 뭐 부족한 것은 없는지 사랑과 관심으로 보살피는 시선의 방향 말입니다. 아이는 교사의 사랑으로 자라고 교사는 학부모의 이해 위에서 춤을 출 수 있습니다. 고래도 춤추게 했다는 그 칭찬으로 교사를 춤추게 했으면 참 좋겠습니다. 덕분에 오늘도 출근길이 즐겁습니다.

"교사는 아이를 바라보고,
학부모는 뒤에서 담임을 바라보는
사랑과 관심을 담은 시선의 방향"

Chapter 20

매일 사과하는
어머니

　　　　　　　제주도로 학교를 옮긴 지 얼마 되지
않았을 때 있었던 일입니다. 3월에 처음 학교에 와서 아직 적응하
지 못해 모든 것이 조금 어색하던 때였습니다. 3월 중후반인데도
낮에는 햇볕이 꽤 따가웠던 것으로 기억합니다. 그때 왜 전교생이
운동장에 모여 있었는지는 기억이 안 납니다. 무슨 교육이었던 것
같았습니다. 화재대피훈련이었을까요? 아이들은 한바탕 훈련하고
나서 과정별로 모여 앉았고 담임교사들은 학생들 사이사이에 그리
고 저는 학생들 뒤쪽에 서성이고 있었습니다.

　교육이 끝나갈 무렵, 저는 가장 뒤에 있는 S를 뒤에서 안아주었
습니다. 그 순간 '악' 하고 울려 퍼지는 외마디 비명, S가 그만 내 손
등을 깨물어버린 것입니다. 이럴 수가. 내 손등에는 시뻘건 피와

함께 잇자국 열 개가 고스란히 남았습니다. 너무 아팠지만, 학생들 앞이라 아픈 티도 내지 못하고 얼른 S에게서 떨어졌습니다.

생각해보니 S는 무슨 일이 있는지도 모르고 그저 더운 날이 싫고, 앉아 있어야 하는 게 싫었을 수도 있었겠죠. 교실에서 잘 있는데 갑자기 선생님이 나가라고 하고 뛰라고 하고 또 더운데 가만히 앉아 있으라고 하니 얼마나 싫었을까요? 가뜩이나 짜증이 나 있는 아이에게 나는 친하답시고 뒤에서 목을 안았으니 또 얼마나 싫었을까요? 본인은 싫다는 표현을 한다고 한 게 눈앞에 있는 내 손을 깨물었던 것입니다.

사람이 물었나요?

일단 학교에서 구급약품을 찾아 임시로 소독을 하고 병원으로 향했습니다. 병원에 갔더니 의사 선생님께서 의아해하시며 물어봅니다. "어쩌다가 다치셨어요?" 저는 조금 민망합니다. "네, 학생한테 물렸습니다." 제 대답을 들은 의사 선생님과 간호사 선생님이 저를 다시 쳐다봅니다. '뭐 하는 사람일까?'라는 생각이 시선에서 느껴집니다. 저는 그저 웃으면서 사정이 있었다고 하고 손을 내밀어봅니다. 유독 치료가 아프게 느껴졌습니다. 의사 선생님께서는 사람이 문 상처는 일반적으로 다친 상처보다 훨씬 오래간다고 하시면서 몇 차례 통원할 것과 주의사항을 알려주셨습니다.

치료를 받고 손에 커다란 붕대를 감고서 학교로 돌아오면서 생각이 깊어졌습니다. '내가 특수교사라고 하면서 아이들의 특성을 이렇게도 모르고 있구나.' 하는 마음도 들고, 그렇다고 뿌리치거나 '싫어요.' 할 수도 있는데 사전 예고(?)도 없이 그냥 확 물어버린 S도 조금 원망스럽고 복합적인 마음이었습니다. 학교로 돌아와서 걱정하는 동료들에게는 괜찮노라 인사를 하고 교실에 있는 S를 슬쩍 바라봅니다. 당연히 S는 해맑게 자기의 일에만 집중하고 있습니다. 저를 보고도 해맑게 웃습니다.

"죄송합니다. 선생님"

다음 날 모르는 번호로 전화가 왔습니다. 수업 중이라 받지는 못하고 그대로 두었다가 수업을 마치고 바로 전화를 드려보았더니 S의 어머님이십니다. "안녕하세요? 선생님, 저 S 엄마예요." 생각지도 못했던 연락에 깜짝 놀랐습니다. 어제 있었던 일을 어찌 전해 들으신 모양입니다. S가 이야기한 것은 분명 아닐 테고 S의 담임을 통해서인지 학교 보건실을 통해서인지 전해 들으신 모양입니다.

"죄송합니다. 선생님." 전화를 받자마자 어머님께서는 사과부터 하십니다. "무슨 말씀이신지?" 하고 여쭸더니 "아이고, 어제 우리 아이가 선생님 손을 깨물었다지요." 저는 "괜찮습니다."라고 먼저 말씀드렸습니다. 순간 얼굴이 확 달아오르는 것을 느꼈습니다. 마

"죄송합니다"

치 저의 민낯이 드러난 것 같아 오히려 죄송한 마음입니다. 얼마나 다쳤는지, 치료는 얼마나 걸리는지, 흉은 남지 않을는지 어머니는 걱정에 걱정을 하고 계셨습니다. "아닙니다. 어머니, 특수교사인 제가 아이들을 제대로 파악하지 못해서 생긴 일인걸요. S는 아무 잘못 없습니다." 어머니는 거듭 본인이 죄송하다며 사과를 하셨습니다.

지금까지 얼마나 많은 사과를 대신 하셨을까

본인이 죄송하다니, 그 자리에 있지도 않았고 그 상황과 아무 관계도 없으신 어머님께서 저에게 사과하는 모습을 보니 마음이 짠했습니다. 단지 'S의 어머니라는 이유로 지금껏 아이를 대신하여 얼마나 많은 사과를 하시며 사셨을까?' 얼마나 힘드셨을까 생각하니 마음이 아팠습니다. 다른 사람들이야 장애에 대한 이해가 없어서 그랬을지 모르지만, 우리 아이들을 가장 잘 알아야 하는 특수교사에게까지 미안하다고 하실 일이었는지는 지금도 모르겠으나, 어머니는 사과하시는 게 마음이 편하다고 하셨습니다.

그렇게 S의 집과 인연이 맺어졌습니다. 그 뒤로 S에게 다시 물린 일은 없었습니다. 하지만 S를 더욱 깊게 이해하게 되었고 그 깊은 이해만큼 가까워지게 되었습니다. S를 존중하고 거리를 지키며 지도하게 되었지요.

S에게 손을 물린 그다음 해 저는 S의 담임이 되었고 저를 마지막 담임으로 S는 학교를 졸업했습니다. S의 졸업식 날 어머니와 가족들과 함께 사진을 찍었습니다. 어머니는 감사의 인사를 거듭하시며 S만의 담임이 아니라 우리 가족의 담임 선생님이라고 하셨습니다. S가 졸업한 지 5년도 더 지났지만 아직도 S와의 만남을 이어가고 있습니다. 분기마다 한 번은 꼭 찾아가서 S와 함께 시간을 보냅니다. 특수교육은 이런 게 아닐까 생각해봅니다. 교사와 학생으로 이루어진 관계만이 아니라 교사와 학생 그리고 보호자가 연결된 완벽한 삼각형의 구조라고 말입니다. 저는 이걸 아프게 깨물리면서 배웠습니다.

"단지 어머니라는 이유로
지금까지 얼마나 많은
사과를 하셨을까."

Chapter 21

완전한
자립

특수교육의 목적지는 어디일까요? 당연히 학생의 자립입니다. 부모님들의 양육 목표는 무엇인가요? 또한 자녀의 자립일 것입니다. 이는 자녀의 장애 유무를 떠나 모든 부모님의 공동 목표이기도 합니다. 자립의 기준은 무엇일까요? 단어의 뜻이 '스스로 일어선다.'는 것임을 생각할 때 '모든 일을 도움 없이 스스로 할 수 있는 상태' 정도로 생각할 수 있을 것입니다. 국어사전에는 자립의 의미를 이렇게 풀이하고 있습니다.

자립: 남에게 예속되거나 의지하지 아니하고 스스로 섬

그렇다면 다시 질문을 던져보겠습니다. 자립의 기준이 남에게 의지하지 않고 스스로 서는 것이라고 할 때, 우리의 자녀는 향후

다른 사람의 도움 없이 평생 완전하게 자립할 수 있을까요? 장애가 있는 우리 자녀가, 특히 발달장애가 있는 자녀가 평생 다른 사람의 도움 없이 스스로 살아간다는 것이 거의 불가능에 가까운데 그런데도 우리는 계속 자립이라는 목표를 두고 지도하는 것이 맞는 것일까요?

발달장애가 있는 우리 자녀의 경우 아무리 교육을 잘 받는다고 해도 평생 다른 사람의 도움을 받지 않는 것은 불가능합니다. 평생 도움을 받으며 살아야 합니다. 그럼 다른 사람의 도움을 좀 받으면 자립이 아닐까요? 다른 사람의 도움을 필요할 때마다 받으면서 잘 살아갈 수 있는 사람이 있다면 어떨까요?

자립의 진정한 의미

이제는 우리가 자립에 대한 다른 생각을 가져야 할 때가 되었다고 생각합니다. 일본 도쿄대학교에는 당사자 연구팀이란 곳이 있다고 합니다. 여기서 당사자라고 함은 자신 자신을 스스로 연구하는 사람들이라는 의미인데, 이곳에서 교수로 연구하고 있는 구마가야 신이치로 교수는 본인이 장애를 가지고 있으면서 장애 당사자의 삶을 연구하고 있습니다. 국내 한 언론에서 구마가야 신이치로 교수를 인터뷰한 적이 있는데 그 인터뷰의 내용이 화제가 되었습니다.

자립은 '의존하지 않는 것'이 아니라
'의존할 것을 선택할 수 있는 상태'입니다.

- 구마가야 신이치로

즉, 모든 일을 완벽하게 혼자서 해내는 것만이 자립이 아니라 필요에 따라 의존할 것을 선택할 수 있는 상태도 자립이라는 것입니다. 저는 이 말에서 묵직한 무엇인가가 느껴졌습니다. 어쩌면 특수교육에서의 희망이라는 것을 느끼게 되었을지 모르겠습니다. 되돌아보면 우리도 모든 일을 스스로 하고 있지 않은데 우리 자녀들에게 의존하지 말고 스스로 해야 한다는 생각으로 대하고 있지는 않았는지 생각하게 되었습니다. 자녀가 필요에 따라 스스로 할 것인지 도움을 받을 것인지를 선택하는 삶, 그 삶이 바로 궁극적인 자립을 이룬 삶이라는 것은 우리에게 시사하는 바가 컸습니다.

무엇을 가르쳐야 할까?

그렇다면 우리가 자녀들에게 가르쳐야 할 것은 무엇일까요? 저는 가장 먼저 가르쳐야 할 것이 구분할 수 있는 능력이라고 생각합니다. 도움이 필요한 상황과 스스로 할 수 있는 상황 말입니다. 도움은 누구나 주고받을 수 있습니다. 그런데 도움을 요청받은 사람의 입장에서 생각해봅시다. 도와달라고 하는 사람을 응당 도와주는 것이 맞으나 때로는 '이 정도는 스스로 할 수 있지 않나?' 하는 생각이 들면 어떨까요? 도와주고 싶은 마음이 싹 사라질 것입니다. 반복되면 도와주지 않고 무시하거나 피해버리게 되겠지요. 반대의 경우도 있습니다. 반드시 도움이 필요한 상황인데 도움을 요청하지 않고 꾸역꾸역 혼자 하겠다고 하는 상황입니다. 분명 제대로 될 리가 없기에 나중에 다시 하는 데 더 큰 힘이 들기도 합니다. 그래서 도움을 받을 것인가 스스로 할 것인가에 대한 구분은 중요합니다.

다음으로는 도움을 요청하는 방법입니다. 도움을 요청할 때 반드시 동반되어야 할 것은 감사의 표현입니다. 감사는 '느낄 감' 자에 '사례할 사' 자를 사용합니다. 이는 고마운 마음을 느꼈다면 사례를 해야 한다는 것입니다. 물론 사례가 꼭 돈과 관련된 것은 아닙니다. 오히려 말 한마디 인사 한 번이 더 중요한 경우가 많습니다. 하지만 이 작은 걸 놓치는 경우가 많습니다. 안타까운 일입니다. 생각보다 많은 사람이 비슷한 갈등을 겪습니다. 고마움을 느끼기는 하지만 쑥스러워서 표현을 못 합니다. 한국에는 '(느낄) 감'은 잘하지만 '(사례할) 사'에는 미치지 못하는 사람들이 많습니다. "도와주셔서 감사합니다."를 제대로 할 수 있다면 함께하는 자립에 이르는 데 큰 도움이 될 것입니다.

특수교사의
길

특수교사는 방향을 정하는 사람

평생 담임이 되다

작은 진보라도 기록하는 기쁨

수업이라고 쓰고 버티기라고 읽는다

전문적 학습공동체를 하는 이유

오지랖 선생

제발, 밥값 좀 하자

저는 오은영 박사는 아니라서

제자가 없는 스승

발달장애인의 적합 직종을 찾아서

감히 이룰 수 없는 꿈을 꾸고
감히 이루어질 수 없는 사랑을 하고,
감히 싸워 이길 수 없는 적과 싸움을 하고,
감히 견딜 수 없는 고통을 견디며,
잡을 수 없는 하늘의 별을 향해
힘껏 팔을 뻗으리라

- 세르반테스 《돈키호테》 중에서

Chapter 22

특수교사는 방향을
정하는 사람

골프를 처음 배울 때가 생각납니다. 마음은 앞서가는데 몸이 따라가지 않아서 진땀을 흘렸던 적이 있습니다. 옆 동반자는 시원한 타격음과 함께 골프공을 쭉쭉 뻗어 날려 보내는데 저는 힘이 없어 공이 좀처럼 뜨지 않았습니다. '나도 공을 좀 멀리 보냈으면 좋겠다.'라는 부러운 마음에 말을 꺼내자 옆에서 저를 지도해주시던 선생님께서 웃으시며 이렇게 말씀하셨습니다.

"선생님, 중요한 것은 거리보다는 방향입니다."

들을 때는 몰랐는데 나중에 곱씹어보니 깨달음이 있는 말이라는 생각이 들었습니다. 무작정 멀리 보내는 것만 부러웠지만 방향이 잘못되면 오히려 독이 될 수도 있는 것입니다. 슬라이스나 훅이 나서 골프 코스를 벗어나거나 홀컵과 반대 방향으로 간다면 아무리 멀리 보낸다고 한들 제대로 된 방향으로 조금 보내는 것보다 못한 결과가 납니다.

poco a poco

poco a poco를 처음 알았을 때도 같은 깨달음이 있었습니다. 오선의 악보 위에 적혀있는 poco a poco는 '조금씩', '점점'을 나타내는 음악 용어입니다. 그런데 중요한 것은 poco a poco는 단독으로는 사용되지 않는다는 것입니다. 다른 말과 함께 사용되어 '어떻게 조금씩', '어떻게 점점'을 함께 알려줘야 합니다.

악보 보는 방법을 잘 모를 때는 콩나물 머리만 보며 리듬과 박자만 봤지만, 악보를 조금씩 알게 되면서 음악 기호를 보게 되었습니다. 거기에는 창작자의 의도가 담겨 있습니다. 영감을 얻어 곡을 작곡할 때 느낀 감정이 그대로 담겨 있습니다. 곡이 그 의도대로 연주되기를 바라는 마음에서 악보 위에 친절하게 기호로 표시해 두었습니다. 그래서 가장 훌륭한 연주자는 악보에 충실한 사람이라고 하는가 봅니다.

느려도 괜찮아

poco a poco가 속도를 의미한다면 다음 나와야 하는 것은 방향의 문제일 것입니다. poco a poco p는 점점 여리게, poco a poco dolce는 점점 부드럽게, poco a poco rit. 점점 느리게 등으로 말입니다.

특수교육 대상 학생들의 특징이 속도라면 특수교사는 방향을 정해주는 사람이어야 합니다. 비록 속도는 조금 느릴 수 있지만 그래도 바른 방향을 알려주면 됩니다. 학생들과 함께 호흡하면서 그 걸음을 같이 걸어줄 수 있는 사람, 그러면서도 저 멀리 목표를 놓치지 않는 사람 말입니다. 다시 한번 우리 아이들을 떠올려봅시다. 학생과 교사가 한 팀이 됩니다.

칭찬은 고래도 춤추게 한다?

그러면 우리는 어떻게 방향을 알려줘야 할까요? 저는 해답이 칭찬에 있다고 생각합니다. 다만 칭찬해주는 데도 기술이 필요합니다. 우선 칭찬은 명확해야 합니다. "참 잘했어요."라는 말은 칭찬일까요? 아닐까요? 아쉽게도 칭찬이 아닌 것에 가깝습니다. 최소한 특수교육 대상 학생들에게는요. 잘했다는 칭찬을 받을 때 가장 중요한 것은 칭찬받는 대상이 무엇을 잘해서 칭찬받았는지 알 수 있어야 한다는 것입니다.

우리나라 사람들은 대개 칭찬에 익숙하지 않습니다. 칭찬을 조금 쑥스러워하는 경향이 있습니다. 그래서 해야 할 때도 그냥 "잘했다." 정도로 그치고 맙니다. 상황과 일련의 흐름을 반영하면 '아, 내가 무슨 행동으로 칭찬을 받았다.'를 알 수 있지만, 우리가 대상으로 하는 특수교육 대상 학생들은 그걸 잘 모릅니다. 그냥 막연하게 칭찬해주면 기분은 좋지만 무슨 행동으로 칭찬을 받았는지 모르기 때문에 다음에 그 행동이 증가할 기회가 줄어듭니다.

그래서 우리는 보다 정확한 방향을 알려주어야 합니다. "오늘은 아침에 교실에 들어와서 가방을 사물함에 잘 넣었구나. 너무 잘했다." 또는 "힘든 친구를 보고 그냥 지나치지 않고 손을 잡아 주었구나. 너무 멋져."라는 식입니다. 더욱 명확한 행동의 방향을 알려주세요. 그리고 정확하게 칭찬하는 것이 필요합니다. 칭찬받는 행동이 점차 증가할 확률이 더 높아질 것입니다.

긍정적 행동 지원이 중요한 이유

특수교육에서 긍정적 행동 지원이 강조된 것은 2015년부터입니다. 처음 긍정적 행동 지원(PBS)이 한국에 소개될 때 사람들은 만병통치약처럼 오해하기도 했습니다. 마치 긍정적 행동 지원을 사용하면 모든 문제가 싹 해결될 것처럼 생각되기도 하였습니다.

하지만 긍정적 행동 지원은 어떤 한 기술이 아닙니다. 오히려 거시적인 철학의 개념입니다. 학생들에게 예방과 지원을 통해 삶의 질을 향상할 수 있도록 하는 것 그것이 바로 긍정적 행동 지원의 전부입니다. 부모님과 학생들은 특수교사만 바라봅니다. 특수교육의 바른 방향을 알려주는 사람이 되는 게 무엇보다 중요합니다.

Chapter 23

평생 담임이
되다

        특수학교의 졸업식은 일반학교의 졸업식과 또 다른 의미가 있습니다. 분명 같은 졸업식이지만 다른 느낌입니다. 일반학교에서 졸업은 '또 다른 시작'이라고 하지만 막상 특수학교 고등과정을 졸업하는 부모님들에겐 이젠 더 이상 아이를 보낼 곳이 없다는 것을 의미하기도 합니다. 그래서 막막하고 가슴 답답한 일이기도 합니다.

  언젠가 고등학교 과정을 졸업하는 자녀를 둔 부모님의 심정이 낭떠러지에 서 있는 사람의 심정과 비슷하다는 이야기를 들은 적이 있습니다. 그만큼 어렵고 절박한 심정을 표현한 것으로 생각합니다.

  특수교육 대상자들의 경우 고등학교 과정을 졸업하면서 소수의 아이가 취업하고, 나머지 일부는 전공과에 진학합니다. 나머지 학생들은 복지관 또는 직업재활시설, 주간보호시설 등으로 가게 됩니다. 전공과도 특수교육 대상자들을 위한 교육과정임이 분명하지만, 정원이 정해져 있는 이유로 선발을 하는 실정입니다. 가끔 학교에서 전공과 신입생을 선발하는 심사에 참여하게 되는데 정해진 정원을 두고 경쟁해야 하는 현실이 안타깝기만 합니다.

더 이상 내 아이의 담임이 없다는 것

졸업을 한다는 것은 또 다른 의미가 있기도 합니다. 바로 담임교사가 더 이상 없다는 것이지요. 학창 시절에는 그래도 담임교사가 있어서 아이에 대한 고민이라든지 의문이 있을 때 바로 물어볼 수 있습니다. 또 1년을 함께 헤쳐 나간다는 심리적인 지지가 있지요. 하지만 졸업하면서 더 이상의 담임교사는 없습니다.

일반 학생들의 경우 고등학교를 졸업하면 성인이 되어 스스로 결정하고 판단하기 때문에 더 이상 담임이 필요하지 않지만, 우리 아이들은 어떤가요? 스스로 판단하고 결정하기에 어려움이 있어서 이제 모든 문제를 부모님 스스로 해결해야 합니다. 그건 어쩌면 당연한 일일지 모르지만, 또 한편으로는 참 외로운 일이기도 합니다.

그래서 저는 졸업식에서 빼놓지 않고 하는 일이 있습니다. 졸업

생 부모님들에게 제 연락처를 알려드리는 일입니다. 특수학교에 재학하는 동안 제가 한 번이라도 담임을 한 학생들은 이미 연락처가 있지만 제가 담임을 하지 않고 졸업하는 학생 부모님께는 제 소개가 필요하겠지요. 고등학교 과정을 졸업하고 학교를 떠나는 학생들을 일일이 찾아가 만납니다. 그리고 제 연락처를 알려드리며 무슨 일이 생기거나 궁금한 일이 있으면 전화를 주시라고 합니다.

평생 담임

"어머니 이게 제 번호인데요. 앞으로 ○○에 관해 궁금하거나 어려움이 있으시면 언제든지 전화하세요! 이제부터 제가 평생 담임입니다." 평생 담임이라는 말에 많은 부모님들의 눈시울이 뜨거워지는 것을 보았습니다. 실제로 대부분 부모님이 평생 담임을 찾지는 않습니다. 대부분 스스로 일을 잘 해결하십니다.

그렇지만 그분들께도 '어려운 일이나 힘든 일이 있을 때 연락할 수 있는 사람이 있다.'라는 자체가 위안이 되지 않을까 하는 생각에 계속하고 있습니다. 대신 졸업한 아이들의 전화와 문자 폭탄이 오기는 합니다. 그래도 그럴 때마다 '저, 잘 있어요.' 하는 인사로 이해하면 오히려 행복한 비명을 지를 뿐입니다.

연락처 공유가 꼭 필요해?

요즘은 담임을 맡아도 부모님들께 개인 연락처를 알려주지 않는 경우가 많다고 합니다. 업무 시간 외에 개인 시간을 방해받지 않도록 말입니다. 대신 업무 시간에는 담임교사에게 연결되고 업무 외 시간에는 연결되지 않는 안심번호를 알려줍니다. 그런 안심번호를 홍보하는 광고도 있습니다. 그들은 '퇴근 후 자유를 누리세요.' 라고 홍보합니다.

간혹 교사 커뮤니티에 심야에도 학부모의 민원으로 힘들다는 푸념도 있습니다. 그런 현상을 탓하고자 하는 것은 아닙니다. 교사도 퇴근하면 자유로울 권리도 있지요. 그걸 강제할 수는 없지만, 그저 업무 시간에만 연결되는 사제관계가 왠지 씁쓸한 기분이 들었습니다.

우리 선생님

저는 앞으로도 졸업생 모두에게 제 번호를 알려주려고 합니다. 짓궂은 녀석들의 생존 보고가 때론 귀찮더라도 말입니다. 예전에 졸업한 한 학부모님을 만났습니다. 이야기를 나누며 반가운 인사를 하던 중 우연히 학부모님 핸드폰에 저장된 제 이름을 보게 되었습니다. 바로 '우리 선생님'이라고 되어 있었습니다. 듣기만 해도 좋은 말입니다. 그냥 감사한 마음이었습니다. '우리가 서로 같은 생각을 하고 있구나.' 하고 확인할 수 있는 시간입니다. 부모님과 아이들이 우리 선생님이라고 생각하고 언제나 연락할 수 있는 그런 교사가 되고 싶습니다.

Chapter 24

작은 진보라도
기록하는 기쁨

제가 군대에 있을 때 이야기입니다. 저는 105mm 포병부대에서 군 생활을 했는데 당시 저의 보직은 사격 지휘병(일명 측각병)이었습니다. 105mm 포의 경우 사거리가 18km 정도 됩니다. 눈에도 보이지 않는 18km 밖의 표적을 어떻게 맞힐 수 있을까요? 네, 그래서 저와 같은 사격지휘병이 필요합니다. 저는 '방향틀'이라는 장비를 가지고 높은 곳에 올라가 포의 사격 방향을 맞춰주는 역할을 합니다. 그걸 포의 방열이라고 합니다.

포병은 보병과 달리 방위각으로 '도'를 사용하지 않습니다. 대신 '밀'을 사용합니다. 왜냐하면 360이 전부인 '도'보다 범위가 6400이나 되는 '밀'이 훨씬 정밀하기 때문입니다. 쉽게 말해 나를 기준으로 한 바퀴를 '도'로 나타내면 360도이지만 '밀'로 나타내면 6,400밀이 되는 것입니다. 1도=17.7밀 정도의 비율이 되겠네요. 1도도 작은데 1밀은 얼마나 더 작을까요? 그래서 방향틀과 같은 정밀한 장비를 통해 구분할 수 있습니다.

포를 방열할 때 이 1밀도 아주 중요하게 작용합니다. 포의 방향이 1밀 오차가 나면 목표지점인 18km 밖에서는 큰 차이가 되기 때문입니다. 그 1밀의 차이로 표적에 맞히고 못 맞히고가 결정 날 수도 있습니다.

그러면서 제게 스친 생각이 하나 있습니다. '아, 현재의 1밀은 아무것도 아니지만, 현재의 1밀이 그냥 1밀이 아니구나. 나중에 200m가 될 수도 있겠다.'라는 것입니다. 사람들은 나중의 200m는 크게 보지만 현재의 1밀은 우습게 봅니다. 그러나 잊지 않아야 할 것은 현재의 1밀과 나중의 200m는 같다는 것이지요. 학생의 큰 변화는 지금의 작은 실천에서 시작됩니다.

특수교사는 나중을 보는 사람

특수교육을 하는 교사는 나중을 볼 수 있어야 합니다. 지금 작은 행동의 변화가 이 아이의 나중에 미칠 것을 예상할 수 있어야 합니다. 지금은 작은 허용이지만 이 한 번의 허용이 아이에게는 어떻게 인식될 것인지를 알아야 합니다. 그래서 현재의 작은 실천이 중요합니다.

그래서 저는 그때부터 아이들의 작은 것을 기록하고 있습니다. 기억을 위한 기록입니다. 또한 진보를 확인하기 위한 기록입니다. 이것은 생각지도 못했던 기쁨이 됩니다. 이름별로 저장된 작은 수첩에는 작은 일 하나하나가 기록되어 있습니다.

○○월 ○○일, 그동안 손에 쥐고만 있던 포크를 가지고 반찬 집기를 시도했다.

○○월 ○○일, 여러 가지 물건 중에서 제시한 것과 같은 것에 눈을 맞추었다.

이렇게 기록된 작은 변화는 시간이 지나 한 달이 지나고, 한 학기가 지나고, 한 학년이 지나면 큰 변화가 됩니다. 그만큼 자란 모습 덕분에 보람도 느끼게 되고 내가 하는 '지금의 노력이 의미가 있구나.'를 느끼게 되는 소중한 자료가 됩니다. 특히 부모님과 상담할 때 빛을 발휘합니다. "어머니, 분명히 지난달까지는 못 했었잖아요. 그런데 지금은 이렇게 합니다." 그러면 "맞아요, 선생님. 맞아요. 분명 못 했었는데 지금은 하네요. 신기해요." 하고 부모님이 맞받으십니다.

저는 포크를 쥐는 데 한 달, 그리고 지도한 지 또 한 달 만에 포크를 사용하려는 시도를 보인 학생의 모습에서 이미 포크를 유용하게 사용하여 식사하는 학생의 모습을 봅니다. 또 눈앞의 여러

물건 중에서 선생님이 제시하는 것과 같은 것에 눈을 맞추는 학생의 모습에서 같은 것을 구분하고 손가락으로 짚을 수 있는 모습도 봅니다.

중용 23장

현빈이 정조 역할을 해서 유명해졌던 영화 '역린', 2014년 개봉한 이재규 감독의 이 영화에서 중용 23장이 나옵니다. 중용은 잘 모르지만, 대사가 아주 마음에 들어 소개하고자 합니다.

작은 일도 무시하지 않고 최선을 다해야 한다.
작은 일에도 최선을 다하면 정성스럽게 된다.
정성스럽게 되면 겉으로 배어 나오고
겉에 배어 나오면 겉으로 드러나고
겉으로 드러나면 이내 밝아지고
밝아지면 남을 감동시키고
남을 감동시키면 이내 변하게 되고
변하면 생육된다.
그러니 오직 세상에서 지극히 정성을 다하는 사람만이
나와 세상을 변하게 할 수 있는 것이다.
- 중용 23장, 영화 '역린'에서 재인용

그러고 보면 특수교육은 놀람의 연속인 것 같습니다. 어제보다 조금 더 나은 오늘에 감격하고, 조금 더 나아진 오늘을 보며 더 나아질 내일을 기대할 수 있는 것. 따라서 오늘도 작은 일에 최선을 다하겠습니다.

Chapter 25

수업이라고 쓰고
버티기라고 읽는다

항상 좋은 마음으로 시작했다가 끝이 좋지 않은 경우가 있습니다. 살다 보면 모든 것이 내 뜻대로 되지는 않는 법입니다. 특히 T가 있는 교실에서의 수업이 그렇습니다.

T는 너무나 사랑스럽고 또 적극적인 아이입니다만 다른 누구보다도 욕심도 큰 아이입니다. 야심 차게 수업을 준비하고 들어가도 끝에는 늘 전쟁터가 됩니다. 처음 T가 욕심을 내었던 것은 유튜브였습니다. 수업을 계획하고 준비하면서 주로 동기유발이나 관련 자료를 유튜브에서 검색하는 일이 많아졌습니다. 이건 코로나로 인한 온라인 수업이 왕성해진 영향도 있습니다. 특히 저는 수업 주제와 관련된 실험 영상이나 노래를 자주 검색하는 편인데 요즘은 수준 높고 괜찮은 콘텐츠가 정말 많습니다.

유튜브의 힘을 느껴보려면 지금 스마트폰을 들고 유튜브를 켜시고 가장 먼저 떠오르는 단어에 '~송'만 붙여서 검색해보시기 바랍니다. 밥, 책, 방귀 등등 뭐든 생각나는 단어에 송만 붙여도 수십 가지의 콘텐츠가 단숨에 검색되는 기적을 경험하실 수 있습니다. 문제는 똑똑한 유튜브의 알고리즘입니다. 유튜브는 한번 들어온 시청자가 계속 유튜브에 머무르기를 바랍니다. 그래서 지금 관심 있게 검색하고 시청한 영상과 유사한 리스트를 추천해줍니다. 다양한 섬네일로 클릭을 유혹합니다. 중학교 과학 '물질의 특성'에 대한 수업을 할 때의 일입니다.

"자, 오늘은 물질의 특성에 대해 알아보겠습니다."

놀라운 유튜브의 세계에는 당연히 '물질송'이 있습니다. 1분 남짓한 물질송을 보고 동기와 흥미가 생겼을 것으로 생각한 그때, 물질송이 끝나고 다른 영상들이 리스트로 쫙 화면을 가득 채웁니다. 그리고 T가 다른 영상을 보겠다고 요구하며 일이 시작됩니다.

"더 볼래요."
"안 돼."
"더 보고 싶어요."
"수업 잘 마치면 끝나고 보여줄게."
"지금 보고 싶어요."
"안 돼."
"이-씨!"

T의 입에서 '이-씨'가 나오면 상황 종료입니다. 침 뱉기, 책상 밀어 넘어뜨리기, 깨물기, 심지어 교실 문 쾅 닫고 나가버리기까지 합니다. 그래서 다음부터 T의 반에서는 유튜브를 사용하지 않기로 했습니다.

"자, 오늘은 선생님이 준비한 자료를 먼저 볼게요."

하지만 유튜브가 없다고 쉽게 해결될 문제는 아니었습니다. T는 자기 수준에 맞는 학습지는 거들떠보지도 않고 다른 친구들의 학습지를 간섭하기 시작합니다. 추가 자료를 준비하고 들어가도 자기 앞에 제공된 것은 그대로 두고 다른 친구들의 것을 빼앗고 간섭하고 그러다가 제지하는 사람이 있으면 침 뱉고 때리기를 반복했습니다. '어떻게 해야 할까?' 늘 T의 교실에 들어가기 전에 고민이 되었습니다. 학창 시절에 밑줄을 그으며 배웠던, 학생에게 필요한 것을 가르치라는 것은 허울뿐인 표상이 되었습니다.

수업에 대한 끝없는 고민

특수교사는 수업에 대해 끊임없이 고민합니다. 교사와 수업이라는 키워드로 검색을 하면 수많은 책이 검색됩니다. 그건 그만큼 교사들의 고민도 깊다는 반증일 것입니다. '교사의 성장은 8할이 수업이다.'라는 말을 들은 적이 있습니다. 그때 이런 생각을 했습니다. '과연 특수교사에게도 8할이 수업일까?'

실제 현장에서 특수교사는 해야 할 일이 너무 많습니다. 생활지도, 학급 운영, 학부모 상담까지도 모두 특수교사의 몫인 경우가 많습니다. 게다가 행정업무는 기본이고 행사 능력까지 요구됩니다. 특수교사는 시간을 두 배로 사는 사람도 아닐 텐데, 이 많은 일을 해내면서 수업을 철저히 준비한다는 건 마치 불가능한 것을 바라보는 느낌이었습니다. T가 속한 교실 수업이 딱 그랬습니다. 수업이라고 쓰고 들어가지만, 그저 40분을 겨우 버티는 느낌이랄까요? 저 스스로가 수업에서의 자신감을 잃어가게 됩니다.

40분 수업을 위해 400분 수업을 준비하다

저는 교원 자격증이 두 개 있습니다. 일반 중등 국어 자격증과 중등 특수교사 자격증입니다. 그래서 교생실습도 두 번 했습니다. 제 인생에서 몇 번 안 되는 가장 빛나는 시절이었던 교생실습, 왜냐하면 여중에서 교생을 했기 때문입니다. 여중에서 남자 교생, 이건 뭐 잘생김의 문제를 떠난 상황 아닐까요? 어디를 가든 여학생들의 환호와 인기를 독차지했던 행복한 한 달의 시간이었습니다.

요지는 저의 인기가 아니라 수업입니다. 교생실습을 하는 동안 지도해주셨던 지도교사는 40분의 수업을 위해 400분을 준비한다고 하셨습니다. "열 배의 시간을 들여서 내 수업을 정리하고 다듬고 정제하세요. 그렇게 한 수업을 준비한다면 그 수업은 정말 좋은 수업이 될 것입니다." 저는 처음에 그 말씀을 들으며 한 주에 최소 15시간 이상은 수업하는 교사가 (실제 교사 대부분은 주당 19시간 이상을 수업합니다.) 어떻게 매번 수업 준비에 수업 시간의 열 배를 쓸 수 있을까 의아했습니다.

하지만 곧 그것이 가능한 이유를 알게 되었습니다. 바로 한 수업을 여러 반에서 하기 때문입니다. 예를 들어 한 차시 수업을 위해 400분의 시간을 들여 준비하고 나면 1반부터 10반까지 같은 단원의 내용을 수업하게 됩니다. 오히려 1반과 5반 그리고 10반의 수업내용이 다르면 안 되기 때문에 교사의 발문까지도 가능하면 같게 해야 합니다. 그러니 결국 400분 동안 수업을 준비하고 400분 동안 수업을 하는 것입니다.

그런데 특수학교에서는 어떨까요? 1반을 위해 400분을 투자하여 만든 수업 준비가 2반에서 사용될 수 있을까요? 아닙니다. 1반과 2반은 같은 학년이지만 완전히 다른 아이들입니다. 그래서 같은 시간을 수업하더라도 일반교사와 특수교사는 차원이 다른 삶을 살게 되는 것입니다. 그렇다면 특수교사는 이것을 어떻게 버틸 수 있을까요?

가끔 교사 연수를 듣다 보면 훌륭한 교사들의 사례를 접하게 됩니다. 특히 수업과 관련하여 교육과정에 대한 이해 및 재구성과 개별화까지 완벽에 가까운 교육계획을 작성하고 적용하는 분들이 있

습니다. 정말 놀라울 따름입니다. 그런 분들의 모범적인 사례를 열심히 배워 우리 교실에 적용해 보려고 노력합니다만 막상 첫날부터 무너지는 것을 경험하기도 합니다.

"특수교육에서 바람직한 수업의 모습은 어떤 것일까요?"

그런 시도와 실패를 반복해서 경험하던 중 깨달은 것이 있었습니다. 저 스스로가 수업을 너무 좁게 바라보고 있었다는 것입니다. 물론 지금도 수업을 잘하시는 선생님들이 계십니다. 그분들은 지금처럼 잘하시면 좋습니다. 다만 수업이 뜻대로 잘 안되고 힘드신 분이 있다면 혹시 저와 같이 수업을 너무 좁게 바라보고 있는 것은 아닌지 한번 살펴보시길 권합니다.

저는 성취기준을 통해 추출한 학습 목표의 수행만 수업이라고 생각했었습니다. 내가 이번 시간에 가르치고자 하는 핵심 내용은 무엇이며 학습 목표는 무엇인지를 정하고 일차적으로 내가 잘 전달했으면 성공한 수업, 그렇지 않으면 실패한 수업이라고 생각하니 힘들었던 것입니다. 오히려 실천 가능한 수준의 목표 제시가 더 중요하다는 것을 느꼈습니다. 그리고 그것을 바탕으로 수업을 준비하기로 했습니다.

자리에 바르게 앉기는 생활지도의 영역이지만 어떤 학생에게는 수업의 목표가 될 수도 있는 것입니다. 그 반에서 이루어지는 활동이 수업인 것과 수업이 아닌 것으로 구분되는 것이 아니라 아침부터 저녁까지 함께하는 모든 활동이 수업일 수 있다는 것, 저는 그 것을 깨닫는 데 조금 오래 걸린 것 같습니다.

오늘도 수업에 들어가면서 이번 시간도 잘 버텨보자, 스스로 다짐합니다. 강한 자가 버티는 게 아니라 버티는 자가 강한 것이라고 스스로 최면을 걸면서 말입니다. 결국 학생도 교사도 즐거운 수업이 되어야 한다는 것이 가장 중요하다고 생각합니다.

번 아웃도 무섭지만 보어 아웃이 더 무섭다

제2부 학부모 편에서 번 아웃에 관해 이야기한 적이 있습니다. 오로지 아이를 위해 모든 것을 '올인'하는 것에 대한 위험을 이야기했는데요. 번 아웃보다 더 무서운 것이 있습니다. 그건 바로 보어 아웃입니다.

특히 특수교사들은 보어 아웃에 주의해야 합니다. 보어 아웃은 지루함과 난소롭게 반복되는 업무에 지쳐 의욕이 상실된 상태를 말합니다. 일명 타성에 젖는다고 표현하기도 합니다. 게으를 '타' 자에 성품 '성'을 써서 게으른 성품을 뜻하고, 오랫동안 변화하지 않아 열정도 없고, 재미도 없고, 무기력해지고 흥미도 없는 상태를 말합니다. 우리는 항상 이 상태를 경계해야 합니다. 왜냐하면 언제든지 우리가 이 상태에 빠지는 게 이상하지 않기 때문입니다.

사람은 타인의 눈에 예민합니다. 나는 그럴 마음이 전혀 없지만 다른 사람이 보고 있어서 하는 일이 생각보다 참 많습니다. 혼자 있을 때 하던 행동을 다른 사람이 있으면 못 하는 이유이기도 합니다. 혹시 교실에 있는 학생들이 말을 하지 않는다고 해서 혼자 있는 것과 같이 행동하지는 않는지 돌아봐야 합니다. 질문을 하거나 더 잘 가르쳐달라는 자극이 없다 하더라도 우리는 계속 자신을 발전시켜야 합니다. 가만히 있으면 멈춰 있는 게 아니라 도태되고 있는 것이라고 한 말을 기억해야 합니다. 나 빼고 모두 앞으로 가고 있기 때문입니다.

Chapter 26

전문적 학습공동체를
하는 이유

보어 아웃에 대한 이야기가 나왔으
니까 해결책 가운데 하나를 추천하도록 하겠습니다. 바로 전문적
학습공동체에 참여하는 것입니다. 전문적 학습공동체는 교원의
지속적인 연구와 실천, 공유를 통해 전문성을 신장해가는 자발적
모임을 의미합니다. 전국에 수없이 많은 전문적 학습공동체가 있
습니다. 제주에도 200여 개가 넘습니다. 학교급별로 교과별로 때
로는 주제별로 관심사가 있는 교사들이 함께 모여 활동하고 있습
니다.

저는 평소 수업에 있어 가장 중요한 것은 무엇일까? 고민을 자주
했습니다. 특히 특수교육을 하는 특수교사로서 '수업을 어떻게 진
행해야 할까?' 하는 것은 평생 풀어야 할 숙제이기도 합니다. 그래

서 같은 고민을 가지고 있는 선생님들과 함께 전문적 학습공동체를 만들었습니다.

수업에서 꼭 필요한 수업자료

저는 수업에서 가장 중요한 요소가 수업의 자료라고 생각합니다. 학교 갈 때 학생이 가방을 가지고 가지 않으면 어른들은 이렇게 말씀하십니다. "군인이 전쟁터에 가면서 총도 안 가지고 가니?" 학생들에게 가방(책과 연필 그리고 노트)이 '총'이라면 교사에게 '총'은 무엇일까요? 저는 바로 수업자료라고 생각합니다.

수업자료는 수업의 내용을 전달하기 위한 수단이지만 추상적인 학습이 어려운 특수교육 대상 학생에게는 말에 그치지 않는, 눈으로 확인할 수 있는 구체물이 됩니다. 수업자료를 중요하게 생각하고 또 직접 만들고 있는 이유이기도 합니다. 최근 특수교육에 관한 관심이 높아지면서 시중에 많은 학습 자료가 출시되었습니다. 어떤 것은 꽤 비싸면서 고급스럽기도 합니다. 물론 그런 자료도 아주 좋습니다. 하지만 저는 그런 자료가 아이들 모두에게 당연히 좋다고 생각하지는 않습니다. 왜냐하면 아이들은 저마다 고유한 특성이 있기 때문입니다.

저는 학생을 생각하며 자료 만드는 것을 좋아합니다. 어떤 아이는 불이 반짝이는 것을 좋아해서 자료에 LED를 넣어주고, 또 다른 아이는 소리가 나는 것을 좋아하니 스피커를 연결하고 소리가 나도록 합니다. 마이크를 연결하여 자기의 목소리가 녹음되고 재생되면 더욱 좋습니다. 어떤 아이는 퍼즐을 좋아하는데 손이 불편해 퍼즐 조각을 잡기 힘들어했습니다. 그래서 쉽게 잡을 수 있는 큐브 형태로 36면 퍼즐을 만들기도 했습니다. 그러면서 다른 선생님들과도 함께 이러한 문제를 고민해보고 풀어보자는 마음으로 전문적 학습공동체인 '통합교과 수업 개선 연구회'를 만들었습니다.

통합교과 수업 개선연구회는 2020년에 처음 만들어졌습니다. 이후 지금까지 소수이지만 수업을 개선하고자 하는 선생님들이 모여 있습니다. 지금까지 다수의 수업자료를 제작하여 공유하였고 올해는 모임 참여 선생님이 각자 자신의 프로젝트를 열심히 진행하고 계십니다. 연말에는 프로젝트 결과 발표회도 예정하고 있습니다. 이런 교사들의 전문적 학습공동체는 제주도 교육청 지원으로 운영됩니다. 제주도 교육청에서는 도내 각급 학교의 교원들로 구성된 전문적 학습공동체를 다양하게 지원합니다. 참으로 멋진 일입니다.

다양한 전문적 학습공동체 모임

우리와 같이 수업자료를 전문으로 연구하는 전문적 학습공동체 외에 교육과정을 연구하는 모임, 실천적 특수교육을 추구하는 모임 등 다양한 모임이 운영되고 있습니다. 그리고 매년 수업 나눔 축제라는 이름으로 행사를 합니다. 유치·초·중·고·특수로 나누어 진행되는 수업 나눔 축제는 코로나19에도 불구하고 비대면으로 진행될 만큼 관심이 뜨거운 행사입니다. 저는 이 전문적 학습공동체 모임에서 특수교육의 희망을 봅니다. 그리고 수업 나눔 축제에서 제주도 교육의 내일을 기대할 수 있습니다.

나와 동료가 함께 성장하는 전문적 학습공동체

전문적 학습공동체가 중요한 이유는 또 있습니다. 학생들로부터 받는 피드백이 적은 특수교사의 특성상 끊임없이 자기를 계발하고 노력하는 것은 참 어려운 문제입니다. 솔직히 현실적으로 거의 불가능합니다. 교사는 끊임없이 자기 계발을 해야 하는 직업임에도 불구하고 수업에서 사용할 교육과정은 해마다 연도만 바꾸고 있는 실정이 되기 쉽습니다.

인간이 타고나기를 게으르다는 성악설을 인용하지 않는다고 하더라도 스스로 발전하는 교사는 극소수에 불과할 것입니다. 저부터 그렇습니다. 저도 수업을 위한 교재연구에 투자하는 시간은 매우 적습니다. 연차가 더해지면서 더욱 적어질 것입니다. 그러다가 어느새 매너리즘에 빠져 직업으로의 교사만 덩그러니 남게 될 것입니다.

그래서 저는 동료 교사나 후배들에게 전문적 학습공동체 참여를 적극적으로 권장합니다. 혼자서는 어렵고 힘들지만, 동료들과 함께라면 더욱 쉽게 할 수 있습니다. 전공 서적을 정해 함께 읽고 나누고, 수업에서의 고민, 생활지도에서의 고민 등을 함께 나눌 동료가 있다는 것은 매우 중요합니다. 저는 그 안에서 이루어지는 숙의의 과정이 나와 동료를 함께 성장시킨다고 확신합니다.

Chapter 27

오지랖
선생

어느 날 제주 MBC에서 연락이 왔습니다. 연락을 주신 분은 '찾아가는 톡톡 카페'라는 프로그램을 제작 방송하는 PD님과 작가님이셨습니다. '찾아가는 톡톡 카페'는 제주시 소통협력센터가 제작을 지원하고 제주 MBC가 제작하여 방영하는 TV 프로그램입니다. 얼떨결에 전화를 받고 학교에서 한 번 뵙기로 약속을 잡은 후 당일이 되었습니다.

학교로 오신 PD님과 작가님을 학교 카페에서 만나 이야기를 나누었는데 이야기의 요지는 프로그램에 한번 출연해주십사 하는 것이었습니다. 그러면서 건네주신 제작 편성 기획서를 보니 주제가 '사회적 오지라퍼를 찾아서'였습니다. 순간 피식 웃음이 났습니다. 우선, 내가 무슨 자격이 있어서 TV 프로그램씩에나 나갈 것이며 또 무슨 이야깃거리가 있을까 하는 것이었습니다. 그리고 오지라퍼라니, 저와는 잘 맞지도 않고, 자격도 없다고 생각되어 고사했습니다.

하지만 방송국 분들의 설득은 당할 수 없었습니다. 또 제주시 소통협력센터 직원들의 지지와 응원에 어쩔 수 없이 출연[21]하게 되었습니다. 지역 방송이지만 역시 공중파의 힘은 대단했습니다. 방송이 나가고 많은 분께 연락을 받았습니다. 안부를 묻는 것을 포함해서 방송에 관한 내용이었습니다. 그것 역시 감사한 일임이 분명합니다.

가장 훌륭한 교사는 어떤 사람?

방송에서 진행자가 제게 질문했습니다. "선생님, 가장 훌륭한 교사는 어떤 교사입니까?" 쉽사리 대답할 수 없는 질문이라 잠시 고민을 했지만 저는 '삶으로 가르치는 교사'라고 대답했습니다, 학생의 삶 속으로 뛰어 들어가는 교사 그리고 그 안에서 배움을 실천하는 교사가 된다면 그보다 훌륭한 교사가 또 있을까요? 특히 우리가 지도하는 학생들은 이런 삶의 교육이 꼭 필요함을 느낍니다.

저는 매달 한 번씩 주말을 이용해 학생들을 만나러 갑니다. 제가 맡았던 아이들도 있고 그렇지 않은 학생들도 있습니다. 때로는 가정에서 부모님이 급한 용무가 있는데 아이를 봐줄 사람이 없어 고민일 때 방문하기도 하고, 제가 먼저 부모님께 연락을 드려서 약속한 후 방문하기도 합니다.

아이들을 만나면 하는 활동은 특별히 정해놓지는 않았습니다. 아이가 영화를 좋아하면 같이 영화도 보고, 아이가 운동이 필요하면 같이 오름도 올라갑니다. 해안가 산책이나 올레길을 걷기도 하고, 때로는 목욕탕에 가서 씻기기도 합니다.

왜 이렇게까지 하는 거야?

"대체 왜 이렇게까지 하는 거야?" 언제가 한번 선배 교사가 제게 이렇게 물었던 적이 있습니다. 교사가 어디까지 해줘야 하는 건지 잘 생각해보라고 말입니다. 소위 '선'이라는 게 있다고, 그 선을 넘지 말라는 것이었습니다. "그러게요." 하고 대답을 하고는 돌아서는데 왠지 마음 한구석이 찌릿합니다.

제주도로 학교를 옮긴 지 4년 차가 되었을 때 담임했던 학생이 있습니다. O군은 당시 중학교 3학년이었습니다. 덩치와 어울리지 않게 애교가 많았던 학생, 수영도 잘하고 악기 연주도 잘했던 다재다능했던 학생, 볼펜의 펜꽂이 부분(볼펜을 옷이나 노트에 꽂아놓을 수 있도록 만들어진 볼펜 상단의 얇은 부분)에 꽂혀서 볼펜만 보면 그 부분을 꺾어 놓았던 녀석.(그래서 당시 제가 가지고 있던 볼펜은 모두 그 부분이 없었습니다.)

또한 적극적이시던 어머님도 기억이 납니다. 장애인부모회 활동에도 적극적이시고 누구보다 아이를 사랑하셨던 어머님. 학부모 상담을 하면 항상 자녀에 대한 깊은 사랑이 느껴졌던 가정이었습니다. "선생님, 이번 도민 체육대회에 우리 아이가 수영 종목에 출전합니다.", "선생님, 이번 주일 교회에서 바이올린으로 특송해요." 항상 긍정적인 활력이 넘치던 가정이었습니다. 수영 대회 출전 날에는 수영장에 가서 응원도 하고, 때로는 저에게 보내주시는 영상으로 다양한 활동을 하는 모습을 보았습니다. 수학여행을 가서는 함께 자고 먹으며 행복한 추억도 많이 만들었었죠. 언제나 사랑받는 행복한 아이로 기억하고 있었습니다.

그랬던 O군이 고등학생이 된 2020년, 코로나19 팬데믹으로 인해 학교의 개학이 계속해서 연기되던 그때, 믿을 수 없는 소식을 듣게 되었습니다. 바로 O군의 어머님께서 O군과 함께 비극적인 선택으로 생을 마치셨다는 것입니다. 믿을 수 없는 소식은 현실이었고 급히게 도착한 장례식장에는 O군과 어머님의 영정사진이 있었습니다.

왜 그런 선택을 하셨을까?

당시 여러 추측성 기사들과 뉴스는 있었지만 제가 아는 어머님은 긍정적이고 에너지가 강하신 분이었기에 의아했습니다. 믿어지지가 않았습니다. 지금도 발달장애인 가족의 비극적인 소식은 계속해서 전해집니다. 사실 공개적으로 집계되지 않아서 그렇지 이런 안타까운 일은 알려진 것보다 훨씬 더 많고 현재 진행형입니다.

저는 3일 동안 O군의 장례식을 치르면서 많은 생각을 하게 되었습니다. 그동안 왜 O군에게는 한 번도 가지 않았나. 한 번이라도 만나러 갔었으면, 좋아하는 햄버거를 같이 먹어 주었다면, 그런 시간을 통해 O군 어머님께 잠시나마 쉴 수 있는 시간을 주었다면, 어머님의 고민과 어려움을 들어주었다면 어땠을까? '달라졌을까?' 장례식의 마지막 날, 추모의 집에 서서 다짐한 것이 있습니다. '다시는 O군과 같은 비극이 생기지 않도록 하자.'

장애 자녀 양육 가정을 탐구하다

그러면서 그때부터 장애 자녀를 양육하는 부모님과 가정에 관심을 가지기 시작했습니다. 제주시 소통협력센터에서 진행하는 제주 생활 탐구[22]를 시작했습니다. 탐구의 주제는 장애아 부모의 양육 부담 스트레스 정도는 어떠한가? 장애아 부모님이 원하는 쉼은 무엇인가? 그리고 부모님이 원하는 쉼을 지원할 방안은 무엇인가? 이 3가지 탐구 주제를 위해 총 140명의 가정을 대상으로 설문을 받았습니다. 특히 5가정은 심층 인터뷰를 진행했습니다.

기간은 3개월 정도 소요되었습니다.

프로젝트의 진행 결과는 충격적이었습니다. 자녀를 돌보는 데 평균 8~10시간을 사용하고 있으며 특히 주말에는 종일 돌보는 경우도 많았습니다. 충분한 휴식을 취하지 못한다는 응답이 전체의 70%, 자녀와 가족의 미래가 걱정되기 때문에 우울하다는 응답은 89.3%나 되었습니다.

이러한 결과를 바탕으로 주말 및 방학을 중심으로 한 가정 방문 및 활동을 시작했습니다. 그 시간에 아이는 지역사회를 이용하고 즐거운 활동을 경험하고 부모님은 자녀에게서 잠시나마 벗어나 자신을 위한 시간을 사용하게 됩니다. 이것이 바로 제가 생각하는 '삶으로 가르치는 교육'입니다. 지금은 '이음'이라는 비영리 봉사 활동 모임을 만들었고 현재 106명[23]과 함께하고 있습니다. 학생들과 특수교사들 그리고 부모님들을 위한 활동을 계속하고 있습니다.

Chapter 28

이음이
이음한다

이음이 탄생한 배경에 대해 설명해 드렸으니, 이제 이음이 어떻게 활동하는지에 관한 이야기를 해볼까요? 이음은 2가지 미션을 가지고 있습니다.

수평적 미션: 우리는 동료 교사와 협력하며 전문성을 이양한다.

수직적 미션: 우리는 학생들을 사랑하며 학생과 가정을 지원한다.

활동 대부분은 이 두 가지 미션을 이루기 위해 진행됩니다.

수평적 미션

먼저 수평적인 미션입니다. 우리는 특수교사로서 우리가 가지는 전문성을 통해 다른 일반교사 및 동료 특수교사들과 함께 성장하고 싶습니다. 그래서 우리가 가진 전문성을 최대한 공유하고 지원하려고 노력합니다. 또한 교사로서 가지는 자부심과 성취감을 위해 다양한 방법으로 지원하고 있습니다.

특수교사용 다이어리 제작이 대표적인 예가 될 수 있을 것 같습니다. 매년 사용하는 다이어리이지만 특수교육에 적합하고 긍정적 행동 지원의 철학을 담은 다이어리를 제작하고 싶었습니다. 이미 제작된 다이어리도 물론 다양하고 훌륭하지만, 특수교사의 다이어리에는 한 학급, 한 학생의 모든 것을 담을 수 있어야겠다는 생각으로 직접 제작하게 되었고 신청하는 선생님께 무료로 보급하는 사업을 하고 있습니다. 스승의 날 이벤트도 같은 차원입니다. 스승의 날이 더 이상 스승을 위한 날이 아닌 요즘, 현장에서 수고하는 교사들을 자축하는 의미로 매년 선생님들을 위한 깜짝 이벤트를 진행하고 있습니다.

수직적 미션

다음은 수직적인 활동입니다. 수직적인 활동은 매년 장애인의

날을 기념하여 도내 장애 학생들에게 기념품을 제공하는 것과 같은 활동도 있지만, 대부분은 일대일로 이루어지는 활동입니다. 이음에 참여하는 교사가 지원이 필요한 한 학생을 만나고 학생에게는 의미 있는 경험을, 그 보호자에게는 쉼을 제공하는 것이 이음 활동의 핵심입니다.

이음 = 학생에게는 의미 있는 활동 + 보호자에게는 자유로운 쉼 제공

우리는 이 한 번의 만남을 1이음이라고 하기로 했고, 연간 100이음 잇기 프로젝트를 진행하고 있습니다. 물론 코로나19가 심할 때는 이러한 만남이 어렵기도 했습니다만 그래도 도움이 필요한 현장을 계속해서 방문하고 지원하고 있습니다.

이음을 하기 위해 미리 연락을 드리고 일정을 잡아놓습니다. 그리고 약속된 시간에 방문하고 학생과 활동합니다. 활동은 따로 정해지지 않고 대상 학생과 함께 정하는 편인데 운동이 필요한 학생들과는 오름 걷기, 해안가 산책 등을 하고 또 문화적으로 소외된 학생들의 경우엔 극장을 가거나 미술관에 가기도 합니다. 한번은 이음을 마치고 학생을 귀가시키면서 어머님께 여쭤보았습니다.

"어머니, 오늘 뭐 하셨어요?"
"네, 선생님. 친정엘 다녀왔어요."

눈시울이 뜨거워집니다. 아이를 돌보느라 가지 못했던 부모님을 찾아뵈었다는 그 대답이 인간의 근원적인 부분을 다시 생각하게 했습니다. 또 다른 분은 부부가 함께 영화를 보았다고 했습니다. 부부 단둘이서 영화관을 찾은 것은 아이가 태어난 이후 처음이라고 하셨습니다. 또 다른 분은 집에서 아무것도 하지 않았다고 하셨습니다. 아무도 없는 집에 그냥 있었다고 하시면서 그 자체가 쉼이 되었다는 말씀에 쉼은 어떤 활동에 있는 것은 아니구나 생각하게 되었습니다.

이음을 하는 동안 부모님들의 시간은 오로지 부모님들의 몫입니다. 우리가 줄 수 있는 건 잠깐의 시간이지만 그 시간이 가족에겐 선물 같은 시간이기를 바랍니다.

이음은 대부분 계획적이지만 때론 급하게 일어나기도 합니다. 주말 아침 카톡이 울렸습니다. 킥보드 타기를 성공했던 H의 어머님입니다.

"선생님, 오늘 제가 급한 일이 생겼는데요. 우리 H를 봐줄 사람이 없어요. 어떻게 도움을 받을 수 있을까요?"

급한 전화라 일정이 있었지만 서둘러 일정을 조절하여 도움을 드릴 수 있게 되었습니다. 그날 오후에 H와 함께 쇼핑과 영화관람을 했습니다. 약속된 시간에 H를 집에 데려다주고 돌아오는 길에 다시 카톡이 왔습니다.

"선생님, 정말 막막했는데, 고맙습니다."

돌아오는 길이 조금 뿌듯합니다. 나의 작은 도움이 큰 위로가 될 수 있어서 참 다행입니다. 그래서 이음을 멈추지 못합니다. 그래서 오늘도 이음이 이음합니다.

"손을 잇고 마음 잇는 이음,
모두에게 기쁨이 됩니다."

Chapter 29

제발, 밥값 좀
하자

2022년 넷플릭스에서 제작·방영되었던 '소년심판'이라는 웹드라마가 있습니다. 주인공 심은석(김혜수 분)은 소년범을 혐오하는 판사인데, 지방법원 소년부에 부임하면서 마주하게 되는 소년 범죄와 교화를 다루는 내용이 주를 이룹니다. 대조적인 인물 캐릭터가 등장하는데, 극 중 심은석은 엄격한 판사, 반대로 차태주(김무열 분)는 온정적인 판사입니다. 드라마의 내용은 차치하고 제가 주목하는 부분은 극 중에서 우유부단한 태도로 문제를 키운 차태주에게 심은석이 했던 말입니다.

"제발, 밥값 좀 하자."

밥값

'밥값'을 국어사전에 찾아보면 첫 번째로는 '밥을 먹는 데 드는 값'이지만 다른 뜻으로 '밥을 먹은 만큼의 일이나 대가를 비유적으로 이르는 말'을 뜻합니다. 그러니 심은석의 말은 '판사로서 받는 월급만큼 제대로 일해.'라는 뜻일 겁니다. 드라마에서는 찰나의 대사였는지 몰라도 저에게는 꽤 오랜 여운과 생각할 거리를 던져주었습니다.

'나는 과연 밥값을 하고 있나?'

혼자 생각에 잠겼습니다. 엊그제는 수업 도중에 학생에게 뺨을 맞았습니다. 물론 장애가 있는 아이들이 하는 행동에 일일이 의미를 부여할 수는 없습니다. 하지만 그런 일을 당하고서도 아이를 먼지 살피고 그런 행동을 했던 이유를 찾아 해결하고, 아무렇지 않은 듯 일어나 계속 수업해야 하는 현실이 조금 시글겠습니다

네, 서글프다는 말이 딱 어울립니다. 그게 특수교사가 하는 일이라고 하면 할 말은 없습니다. 드러내지는 않았지만, 괜히 눈물이 핑 돌았습니다.

아이들이 갑인 교실

요즘 교실은 소위 아이들이 '갑'입니다. 아이들의 기분을 잘 파악해야 합니다. 수업도 마찬가지입니다. 아이의 기분이 괜찮을 때 진도를 조금 더 나갈 수 있습니다. 혹시 기분이 안 좋아 보인다면 거래가 필요합니다.

"이거 하나만 하고 쉬는 시간 줄게."
"이거 마지막이야, 이거 하나만 더 하면 정말 끝!"

아이들도 힘들겠지만, 특수교사도 힘듭니다. 교사와 아이들이 모두 행복한 교실은 정말 꿈에 불과한 것일까요?

차라리 아무것도 하지 말까?

얼마 전 수업 중 학생에게 머리를 잡힌 선생님의 이야기를 전해 들었습니다. 선생님보다 덩치가 더 컸던 그 학생은 무슨 이유였는지 선생님의 머리를 잡아채고 화를 내고 있었다고 합니다. 그 선생님의 비명에 옆 교실에 계신 남자 선생님이 오셔서 아이의 손을 빼려고 했는데 워낙 강하게 잡고 있어 한 손가락, 한 손가락씩 펴서 결국 풀었다고 했습니다. 그런데, 하교 후에 아이의 손가락 하나가

부어올랐습니다. 남자 선생님이 학생의 손가락을 빼는 과정에서 손가락 하나가 삔 모양입니다. 그랬더니 해당 학생의 부모님께서 남자 교사를 학교 폭력으로 신고를 했다는 이야기입니다. 가슴이 철렁했습니다. 그 선생님에 대한 조치 결과는 전해 듣지 못했습니다만 특수교사로서 마음이 무너지는 이야기임이 분명합니다.

그래서일까요? 요즘 학교에서는 '억지로 무엇을 가르치려고 하기보다는, 싫다면 아무것도 하지 않는 게 낫다.'라는 말이 있을 정도입니다. 이보다 특수교사의 사기를 떨어뜨리는 말이 있을까요?

의도가 최우선으로 고려되었으면

체벌이 현장에서 사라진 지 꽤 오래되었습니다. 이제 누구도 교실에서 물리적인 힘으로 체벌하지 않습니다. 하지만 교실에 온종일 있다 보면 의도치 않은 상처도 나기 마련입니다. 저는 부모님들께서 의도를 고려해주셨으면 정말 좋겠습니다. 결과로만 따지지 말고 의도를 살펴봐 주시길 바랍니다.

똑같은 아이의 상처라도 교사가 제대로 보살피지 않아서 난 것이라면 마땅히 항의해야 합니다만 아이에게 조금이라도 더 가르치려고 하다가 난 상처라면 오히려 고마워했으면 좋겠습니다. '이것하나만 더 하자.'고 아이를 진심으로 붙들다가 생긴 상처라면, '네가 다른 사람들과 함께 어울려 살기 위해 이것만은 고쳐야 해.' 하는 마음으로 최선을 다하다 불가피하게 생겨난 상처라면, 선생님께 오히려 감사의 인사를 해주시면 어떨까요?

물론 의도는 눈에 보이지 않습니다. 그렇지만 저는 관심이 있으면 충분히 느낄 수 있을 것으로 생각합니다. 평소 아이의 모습과 행동 그리고 선생님께서 하시는 교육을 지켜보면 어떤 상황이 닥칠 때 분명히 구분할 수 있다고 생각합니다.

그럼에도 불구하고

교사와 아이들이 모두 행복한 교실이 되기를 바라지만 그건 꿈에 불과한 걸까요?

지쳐서 아무것도 하지 말자 하는 생각이 들었다가 심은석의 말이 다시 떠오릅니다.

"제발, 밥값 솜 하사!"

'멜로가 체질'이라는 드라마에서 범수[24]는 이런 말을 합니다. "나는 택배 받는 것도 좋아하고, 메뉴판 보는 것도 좋아하는데, 그것과는 비교도 안 될 만큼 이 일을 좋아해요." 뭔가 멋있다는 느낌이 들었습니다. 그만큼 자기가 하는 일에 대한 애정이 있어야 하지 않을까요? 저도 이 일이 무엇보다 좋았으면 좋겠다고 생각해봅니다.

이렇게 당당하게 고백할 수 있도록 사랑하면 좋겠습니다. 오늘도 밥값 하는 특수교사가 되기 위해 힘을 내어 봅니다.

"얘들아, 어서 오렴.
　보고 싶었어."

Chapter 30

저는 오은영 박사는
아니라서

저는 영화는 좋아하지만, TV는 즐겨 보지 않습니다. 특히 예능 프로그램은 아무리 봐도 뭐가 재미있는지 모르겠고 익숙해지지 않습니다. 그런데 제가 유일하게 챙겨보는 프로그램이 있는데 그건 바로 '오은영의 금쪽 상담소'입니다. 오은영 박사의 금쪽 상담소를 보고 있으면 '저런 금쪽이를 키우는 부모는 정말 힘들겠다.'라는 생각과 '오은영 박사님은 정말 대단하다.'라는 생각을 매번 하게 됩니다.

그런데 금쪽 상담소를 여러 번 보니 결론은 하나라는 것을 느끼게 되었습니다. 결론은 바로 '문제의 원인은 부모에게 있다.'라는 것. 처음엔 금쪽이의 반사회적이고 반인류적인 행동으로 시작하지만, 오은영 박사가 아이의 행동과 부모와의 관계를 지켜보고 나면 상황이 180도 달라집니다. '아이의 문제이지만 원인은 이것입니다.' 하고 그 원인을 드러내면 부모님이 하염없이 눈물을 흘리는 것을 보게 되었습니다. 그런 관계를 관찰하고 원인을 파악하고 처방하는 것까지 오은영 박사의 능력이 놀라울 따름입니다.

발달장애 양육 가정과의 저녁 식사

몇 달 전 발달장애 자녀를 둔 가족과 우연히 식사를 같이하게 되었습니다. 캠핑을 하는 우리 쪽으로 지인 가족을 초청한 것인데, 바비큐도 하고 라면도 끓이면서 시간을 보내려고 했습니다. 결과적으로 우리는 서로 아주 좋은 시간을 보냈습니다만 저에게는 느끼는 바가 하나 있었습니다.

여러 사람이 함께하는 자리, 게다가 먹을 것이 있는 자리기에 함께한 아이가 얌전히 있기는 어려웠겠지요. 고기가 구워지는 것을 기다리지 못하고 고기를 달라고 재촉도 하고, 신발을 신은 채로 텐트에 들어갔다 나왔다 하기도 했습니다. 그럴 때마다 아버님이 하시는 말씀하습니다.

"너 저분이 누군지 알아? 특수교사 선생님이야."
"전문가셔."

그럴 때마다 나도 모르게 움찔하게 됩니다. (당연히 밖으로 티를 내지는 않았습니다.) 물론 당장 아이를 '바르게 지도해달라.'는 뜻은 아닌 것을 알고 있습니다. 아이들에게는 그저 '도깨비 아저씨' 같은 느낌으로 하시는 말씀이겠지요. '너 자꾸 그러면 저 특수교사 선생님께 혼난다.' 이 정도의 엄포랄까요?

그런 이야기를 들으면 빙그레 웃지만, 그 순간 또 여러 생각을 하게 됩니다. 사람들이 특수교사에게 기대하는 모습은 어떤 모습일까? 나는 그들의 기대에 부응하고 있는가?

녹화방송과 생방송의 차이

저는 오은영 박사님을 정말 존경합니다. 통찰력 있는 안목과 소아 전문의로서의 능력과 또 많은 사례를 통해 쌓인 내공은 우리나라에서 최고라고 해도 손색이 없을 만큼입니다. 하지만 오해가 없었으면 좋겠다는 부분이 있습니다. '금쪽 상담소'는 방송이라 편집본이라는 사실입니다. 금쪽 상담소가 어떻게 촬영되고 솔루션이 진행되는지 정확히 알지는 못하지만 분명한 것은 생방송은 아니라는 것입니다.

저도 TV 프로그램에 출연했던 경험이 있지만, 20분짜리 본 방송을 만들기 위해서는 기본 4~5시간 촬영은 기본이었습니다. 그런데 사람들은 실제로 방송되는 것이 전부라고 생각하기 쉽습니다. 추측건대 금쪽 상담소를 방영하기 위해서 며칠 전부터 촬영 스태프들이 촬영하고 영상을 분석하고 이를 가지고 검토하고 방송될 부분과 방송되지 않는 부분을 골라내고 이를 통해 오은영 박사님께도 자녀에 대한 부분을 충분히 검토할 시간이 주어질 것입니다. 그것이 녹화방송의 가장 큰 장점입니다.

그런데 우리는 오랫동안 방송만 봐왔기 때문에 한 회 방송 분량 안에서 시작부터 끝까지를 바로 확인하게 됩니다. 금쪽이의 행동을 보고 '헉' 했다가, 오은영 박사님의 "잠깐만요!"를 통해 그냥 지나칠 뻔했던 찰나를 포착하고 이를 연결해서 "금쪽이의 이러이러한 특성 때문에 이렇게 행동했군요."라는 통찰에 환호합니다.

하지만 특수교육의 현장 또는 특수교사들이 학생들을 마주하는 순간은 늘 생방송입니다. 연습이 없고 참고할 수 있는 시간이 없습니다. 그런데 부모님께서 저를 바라보는 눈빛에서 여러 가지를 느낍니다. '자, 보셨으니 어서 원인을 말해주세요.', '이 행동에 대해 전문가적인 조언을 내려주세요.'

선생님, 어떻게 할까요?

어느 날 저녁, 한 통의 전화를 받았습니다. 제가 담임했던 아이의 부모님이십니다. 의외의 시간에 울리는 전화는 항상 저를 긴장하게 만듭니다. 전화를 받았더니 "선생님, 저녁 시간에 죄송해요."

하며 말을 꺼내십니다. "지금 J랑 저녁 식사 중인데요. 가족들이 함께 모여 바비큐를 하고 있는데, 자꾸 J가 자기 머리를 뽑아요. 그래서 하지 말라고 계속하다가 제가 '한 번만 더 하면 고기 안 줄 거야.'라고 했는데요. 또 머리카락을 뽑았어요. 고기를 줘도 될까요? 주지 말까요?" 속상함이 수화기 너머 그대로 전해집니다. 그저 맛있게 고기를 잘 먹어 주면 얼마나 좋을까요?

그런데 애꿎은 머리카락은 왜 자꾸 뽑는 걸까요. 거의 원형탈모가 올 정도가 된 J를 보는 어머니는 얼마나 안타까웠을까요. 물론 제가 그 상황에 있지 않았기 때문에 딱 결론을 내리지는 못합니다. 머리를 뽑는 행동에는 아마 어떤 원인이 되는 선행사건이 있었을 것이고 또는 그동안 그 행동으로 얻었던 여러 후속 결과가 있었을 것입니다. 우리의 행동은 두부 자르듯 딱 자를 수 없습니다. 원인과 결과가 매우 유기적으로 영향을 줍니다.

J의 행동에 대해서는 교정할 방법을 드리지 못했지만, 어머니께는 조언했습니다. "어머니, 일단 J의 행동에 집중하지 마시고 고기 주시면서 편안하게 식사하세요. 그리고 그 상황에서 바꿔줄 수 있는 요소가 있다면 주변을 한번 환기할 필요는 있을 것 같아요." 가령 자리 배치, 사람들, 가벼운 산책 등등 말입니다.

드라마틱한 결과는 없더라도

늘 생방송을 살아가는 특수교사들이 내리는 결정이 100% 맞는다고 할 수는 없습니다. 또 결과가 모두 성공적일 수 없습니다. 세상의 모든 특수교사가 오은영 박사일 수는 없는 법입니다.

그러나 특수교사들이 내리는 결정은 방향성에서 옳습니다. 그래서 저는 웃을 수 있습니다. 사람들이 특수교사에게 오은영 박사님의 모습을 원할 때, 저는 그때마다 웃어넘기는 방법을 배우려고 합니다. 다음에 그런 일이 생기면, "저는 오은영 박사가 아니라서요."라고 말하고 허허 웃으렵니다.

"특수교사가 내리는 결정은 방향성에서 옳습니다.
그래서 웃을 수 있습니다."

Chapter 31

제자가 없는
스승

지금은 종영되었지만, 예전에 흥미롭게 보던 TV 프로그램이 있습니다. 'TV는 사랑을 싣고'라는 프로그램입니다. 어렵고 힘들었던 시절, 또는 방황했던 시절 도움을 베풀어주신 고마운 분들을 찾아갑니다. 그중에서 빠지지 않는 스토리는 예전 소위 문제아였던 주인공이 자신을 포기하지 않고 믿어주고 사랑해주셨던 은사님을 성공한 뒤에 찾는 경우입니다. 보는 사람들까지 눈시울을 뜨겁게 만들어주는 명장면입니다. 그런 주인공들이 공통으로 하는 말이 있습니다.

"그때 선생님께서 저를 믿어주시면서 해주신 그 한마디,
그 한마디가 저를 변화시켰습니다."

이 얼마나 감동적이고 가슴 뭉클한 말인가요. 인생을 변화시키는 스승이라니. 당시 예비교사를 꿈꾸던 제게 그런 분들은 롤모델이었고, 저도 제자들의 삶을 변화시키는 스승이 되리라 다짐을 하는 계기가 되었습니다.

흔히 사람들은 특수교사를 제자가 없는 스승이라고 부릅니다. 특수교사라고 왜 제자가 없겠습니까? 다만 'TV는 사랑을 싣고'의 주인공과 같이 감사를 표현하러 찾아오는 제자가 없다는 뜻이겠지요.

특수교사가 둘만 모이면?

특수교사가 모인 곳에 빠지지 않는 이야기가 있습니다. 그건 바로 우리 아이들 이야기입니다. 아이들은 비록 선생님을 기억하지 못할지라도 특수교사들은 아이들을 잊을 수 없습니다. 특히 힘들게 했던 아이는 더 기억이 납니다. 특수교사 둘만 모이면 나오는 게 아이들 이야기라는 것, 특수교사라면 누구나 공감할 것입니다.

"선생님 그때 누구 기억나세요?", "그 아이는 잘 있나?" 그런 모습을 보고 있으면 참 묘한 감정이 듭니다. 사람들은 우리를 보며 제자가 없는 스승이라고들 말하는데 우리는 모이면 제자들 이야기뿐이니 짝사랑도 이런 짝사랑이 없습니다.

며칠 전에는 한 졸업생을 찾아갔습니다. 아니, 졸업생을 찾아간

것이 아니라 다른 볼일을 보러 갔다가 그 동네에 사는 졸업생이 떠올랐습니다. 졸업한 지 꽤 지났지만, 아파트에 동수까지 기억하고 있는 제가 신기했습니다. 그냥 본능적으로 전화를 걸어봅니다. "여보세요? 안녕하세요. 선생님." 어머님의 목소리가 반갑습니다. "네, 잘 지내셨어요? P는 잘 있나요?" 안부를 나눈 후에 지나가다가 생각이 나서 잠시 들렀노라 말씀드리니 "잠깐만요." 하시고 나서 P와 함께 아래로 내려오셨습니다.

영문도 모른 채 내려오던 P는 저를 보고 의아한 표정입니다. 어머님과 반갑게 인사를 나누고 P에게도 인사를 합니다. 분명 아는 사람이라는 것은 눈빛으로 알 수 있으나 상황에 맞는 인사나 표현은 하지 못했습니다. 그래도 건강하게 잘 있는 모습을 보니 기분이 좋습니다. 사랑스러운 내 제자입니다. 이렇게 잘 있는 것만으로 왜 이렇게 고마운 마음일까요? P의 근황과 최근에 있었던 몇 가지 일에 관해 이야기를 나눈 후에 인사하고 헤어집니다.

나는 찾아갈 제자가 있다

돌아오는 길에 이런 생각이 들었습니다. "나도 제자가 있다." 누가 찾아가고 누가 맞이하는가가 뭐가 중요합니까? 일반교사에게 찾아와 인사를 드리는 제자가 있다면 특수교사에게는 찾아갈 수 있는 제자가 있습니다.

Chapter 32

발달장애인의
적합 직종을 찾아서

우리 아이도 직업을 가질 수 있을까? 많은 부모님과 특수교사들이 가지는 의문입니다. 우리 아이의 나중의 삶은 어떤 모습일까? 어쩌면 잘 떠오르지 않는 것도 사실입니다. 마치 안개가 자욱한 길처럼 저 너머에 무엇이 있을지 잘 예측되지 않아 마음이 답답합니다.

고요한 택시를 만나다

서울에서 우연히 재미있는 택시에 탑승한 경험이 있습니다. 그 택시의 이름은 '고요한 택시[25]'입니다. 의도하지 않았지만, 우연히 큰 경험을 하게 된 것입니다. 고요한 택시는 말 그대로 '고요한' 택시로 청각장애인 기사님이 운전하는 택시입니다. '청각장애인 기사가 운전한다.' 처음에는 장애인이 운전해도 되나? 나의 안전을 맡겨도 괜찮을까? 하는 생각이 잠깐 들었다가 이것도 나의 편견이구나 깨닫게 되었습니다.

청각장애인이 운전하지 못할 이유가 전혀 없었습니다. 다만 택시를 운전하기 위해서는 손님과 소통해야 하는데 소통에는 어려움이 있을 수 있으니 택시 기사는 언감생심 꿈도 못 꾸던 직업이었죠. 그런데 기술의 발전으로 불편함을 극복할 수 있게 된 것입니다. 택시 안에 설치된 태블릿을 통해 '여기서 세워주세요.' 또는 '라디오 틀어주세요.'와 같은 메시지 전달이 가능했고, 그 순간에는 기사님과 저 사이에 아무런 소통의 장애가 없었습니다. 오히려 날씨 이야기, 정치 이야기 등 의도하지 않은 대화를 하지 않아도 되고 앉아 있는 동안 마음이 참 편했습니다.

저는 제가 특수교육을 한다고 굳이 말씀드리지는 않았습니다. 그냥 고요한 택시를 즐기기로 했습니다. 그리고 감사하다는 인사를 태블릿으로 전하고는 고요한 택시를 검색해보았습니다. 택시 운전이 이토록 청각장애인에게 적합한 직종이었다니, 새삼 놀랐습니다. 이미 많은 분이 고요한 택시를 경험하고 만족하고 있었습니다. 물론 개중에는 택시를 잡았는데 장애인이 운전한다는 안내표시를 보고 탑승을 거부하는 경우도 있다고 합니다. 반면 오히려 고요한 택시를 반기고, 가방에 있는 빵과 우유를 조심스레 드리고 내

렸다는 손님도 계셨습니다.

색다른 경험, 어둠 속의 대화

또 다른 경험도 있습니다. '어둠 속의 대화'라는 공연을 관람했던 이야기입니다. 어둠 속의 대화는 일체의 빛이 없는 완전한 어둠 속에서 100분간의 여행을 떠나는 것입니다. 1988년 독일에서 처음 시작된 이후 34년간 유럽, 아시아, 미국 등 전 세계 32개국에서 1,200만 명 이상이 경험한 국제 전시 프로젝트입니다.

전시는 완전한 어둠을 전제로 이루어지는데 100분간 오로지 로드 마스터에 의해서만 인도됩니다. 한 번에 8명씩 입장하는데 저와 아내를 제외하고는 처음 보는 사람들입니다. 들어가면 정말 조금의 빛도 없는 완전한 어둠을 경험하게 됩니다. 그런 어둠은 전에는 경험하지 못했던 것입니다. 로드 마스터는 한 걸음도 떼기 어려운 우리를 이끌고 여러 가지 주제를 경험하도록 합니다. 제가 가장 인상 깊었던 것은 어둠 속에서 배를 타는 것이었는데 실제로는 움직이지 않는 배 모양일 것이지만 (실제 어둠 속의 대화 프로그램은 보안의 이유로 공개되지는 않습니다.) 손으로 더듬으며 배를 찾고 그 안에 앉았더니 어디선가 시원한 바람이 불어왔습니다. 주변 자연의 소리까지 더해지니 정말 배를 타는 것 같은 느낌이 들었습니다.

관람을 마치고 나오면서 아내에게 "우리 예전에 동촌 유원지에서 배 타던 느낌 들지 않았어? 나는 그때가 떠오르더라." 했더니 아내는 제게 "아니, 나는 제주도에서 아이들이랑 유람선 탔던 때가 떠올랐는데?" 했습니다. 그때 저는 알았습니다. 본다는 것이 얼마나 우리의 상상력을 제한했던가 하는 것을 말입니다.

자동차 소음, 클랙슨 소리가 들릴 때는 단 한 발도 내디딜 수 없었습니다. 어둠 속에서 앞뒤에 있는 사람들과 우연히 손이나 몸이 닿았을 때 상대가 누군지 모르지만, 안도가 되었습니다. '아, 여기 같이 있구나.' 하는 생각이 들었습니다. 일반적으로 우리가 살면서 다른 사람과의 접촉이 그렇게 기쁜 일은 아닐 텐데 완전한 어둠 속에서는 오히려 위안이 되었습니다.

그런데 더욱 놀라운 것이 있습니다. 바로 로드 마스터입니다. 아무리 공간이 익숙하다고 해도 어찌 우리 8명이 잘 따라오는지 알겠으며 바르게 인도하는 것일까 매우 궁금했습니다. 속으로 '아마 야간 투시경' 같은 것으로 우리를 보고 있을지도 모르겠다고 생각했습니다. 하지만 체험을 마칠 때쯤 로드 마스터와의 대화를 통해 그분들이 모두 전맹 시각장애인이라는 것을 알게 되었습니다. 그분들도 우리와 똑같이 아무것도 보지 못하며 어둠 속의 대화는 '누구도 보지 않는다.'가 운영의 원칙이라는 설명도 들었습니다.

일반적인 공간에서 우리는 보는 사람, 시각장애인은 보지 못하는 사람입니다. 우리는 도움을 제공하고 그들은 도움을 받는 쪽에 속합니다. 하지만 완전한 어둠이 되고 모두 보지 못하는 상황에서는 오히려 우리가 그들의 도움에 전적으로 의지해야 하는 상황이 되었습니다. 이 프로그램의 진정한 가치를 깨닫게 되었습니다. 어둠이라는 상황을 통해 시각 이외의 감각을 활용한 진정한 소통의 발견, 그리고 그 감각들은 각자의 추억과 경험에 따라 재해석되며 나를 다시 발견하는 계기가 되었습니다. 시각장애인에게 이토록 적합한 직종이 있을까 놀라움을 경험하는 하루가 되었습니다.

소독 직무를 만나다

이런 경험을 하면서 발달장애인들을 생각하게 되었습니다. 청각장애인도 시각장애인도 이런 적합 직종이 있어 참 좋겠다. 그런데 발달장애인에게는 어떤 적합 직종이 있을까?

머릿속에 온통 발달장애인인 우리 아이들의 적합 직종에 관한 생각으로 가득할 무렵이었습니다. 휴일에 출근해서 밀린 업무를 하고 있는데 누군가 교실 문을 똑똑 두드렸습니다. 누군가 하고 돌아보니 학교 소독과 방역을 하러 오셨다고 하셨습니다. 여쭤보니 잠시만 자리를 비켜주시면 된다고 하여 일어서서 잠시 교실을 비워드렸습니다. 그분은 소독기를 가지고 교실의 후미진 곳에 소독약을 뿌리시고는 다 되었다고 하셨습니다. 갑자기 소독에 대해 궁금했던 저는 살짝 따라다니며 어떻게 소독이 이루어지는지 살펴보았습니다. '우리 아이들도 할 수 있겠다.'라는 생각이 들었기 때문입니다.

다음 날 보건 선생님께(당시 근무했던 학교에서는 소독업무를 보건교사가 담당하고 있었습니다.) 여쭤보았습니다. 확인해보니 소독은 의무적으로 연간 4회 진행해야 한다고 하셨습니다. 당시 근무했던 부천시에 소재하는 학교가 최소 200개, 200개 학교가 매년 4회씩 소독을 하면 800회, 회당 소독 비용은 학교급별로 차이는 있지만, 평균 50만 원이라고 생각해도 엄청난 시장이라는 생각이 들었습니다.

저는 이 소독 직종이 발달장애인에게 적합한 직종이라는 확신이 들었습니다. 왜냐하면 첫째, 루틴이 확실한 업무 내용과 둘째, 다른 사람과 협업하지 않는 작업이기 때문입니다. 어쩌면 융통성이 없는 그 철저함이 이 직무에서는 강점으로 작용할 수도 있겠다는 확신이 들었습니다.

그때부터 소독에 대한 직무 분석과 자료 제작 그리고 법적인 절차와 행정적인 것들을 해결하기 위해 노력했습니다. 내부적으로는 소독 직무에 대한 교육과정을 개발 분석하고 교육자료를 제작합니다. 외부적으로는 소독 실습과 직무수행에 필요한 행정 절차와 법적 사항을 해결합니다. 교육청으로 의회로 법인사무국으로 발 벗고 뛰어다닌 지 1년, 2013년 경기도교육청 지정 제1호 특수학교 기업으로 선정되었습니다.

소독을 시행하는 학생들에 대한 안전도 확보해야 했고, 사전에 시장에 진입해 있던 방역업체들도 상대해야 했습니다. 또 각종 규제는 왜 그렇게 까다로운지요. 어려웠던 순간들은 많았지만 여러 도움의 손길을 통해 잘 해결되었고 발달장애인의 적합 직종으로 소독업을 최초 등록하는 순간이었습니다.

　가장 인상 깊었던 것은 우리 학생들이(학교 기업 근로자들, 지도교사 외 100% 발달장애인으로 구성됨) 수원에 있는 경기도교육청 본청을 소독하는 날이었습니다. 경기도교육청 본청은 크기도 손꼽히는 규모인데, 우리 아이들에게 기회를 준 것이지요. 저는 보이는 것도 중요하니 복장부터 장비까지 철저히 준비했고 아니나 다를까 반신반의하던 교육청 직원들은 따라다니며 잘하는지 감시 아닌 감시를 하기도 했습니다.

　지하에 잠겨있는 방이 있었는데 우리가 소독하려고 하자 시설 관리 담당께서 "이곳은 열기가 힘들어서 생략했으면 좋겠다."라고 하셨는데, 그 말을 들은 한 학생이 "안 돼요. 소독은 같이 해야 해요. 한 곳이라도 빠지면 소독 효과가 없어요."라고 해서 결국 그곳까지 빠지지 않고 소독했던 에피소드도 있습니다. 그때 저는 다시 느꼈습니다. '이 일이야말로 발달장애 학생들의 적합 직종으로 딱 맞다!'

적합 직종 찾기는 계속되어야 한다

　한국장애인개발원이라는 곳이 있습니다. 이곳에서는 장애인들을 지원하기 위한 다양한 사업을 하는데 그중 하나가 장애 영역별 적합 직종을 찾는 일입니다. KTX 여객 열차 운행 종료 후 열차 뒷

정리 직무나 요양보호를 위한 어르신들의 지원 역할은 또 다른 좋은 개척 사례라고 할 수 있을 것 같습니다.

물론 아직도 갈 길이 먼 것은 사실입니다. 전국에 있는 많은 발달장애 학생들이 자신의 특성에 맞는 일을 하며 행복한 삶을 살아갈 수 있도록 적합 직종이 많아지기를 바랍니다. 우리 학생들의 미래를 위해 고민하고 노력하는 교사들, 그리고 부모님이 있다면 앞으로 조금씩 점점 나아지리라 믿고 확신합니다.

Chapter 1 특별한 보통 아이들
1) 한국민족문화대백과사전(한국학중앙연구원).
2) 헤일리모스(Haley Moss) 자폐를 극복하고 변호사가 된 인물로 '이상한 변호사 우영우'의 실제 사례로 전해진다.

Chapter 2 수학이 싫어 음악이 좋아
3) 호그와트 마법학교(Hogwarts School of Witchcraft and Wizardry)는 소설 《해리 포터》 시리즈에 등장하는 고드릭 그리핀도르, 살라자르 슬리데린, 로웨나 래번클로, 헬가 후플푸프 4명이 학생들을 가르치고자 만든 마법 학교이다. (위키백과)

Chapter 4 통학버스와 자가 통학 훈련
4) 이유에 대해서는 영화 '학교 가는 길'을 참고하기 바란다.

Chapter 5 말보다는 시각적으로
5) '거야? 또는 거예요?'를 의미하는 의문형의 제주식 표현, 제주에서는 섬의 특성과 쉬운 의사소통을 위해 줄임말이 발달해있다. '~했어요?'는 '~핸?', '~갔어?'는 '~간?' 등이다.

Chapter 6 꿈 원정대

6) 고등학교를 졸업하고 추가적인 직업교육이 필요한 학생들을 대상으로 운영하는 2년제 직업교육과정.

Chapter 7 비디오 자기 모델링

7) 원 테이크(one take): 촬영을 하거나 녹음을 할 때 신(scene)이나 음악을 엔지 없이 한 번의 컷으로 촬영하거나 녹음하는 일.

8) 사진을 반복해서 재생하여 움직이는 것 같이 만들어진 사진을 의미한다. 확장자는 GIF로 저장된다.

Chapter 9 극복하지 않아도 괜찮아

9) 김수현, 《나는 나로 살기로 했다》, 마음의 숲, 2016.

Chapter 10 나도 부모는 처음이라

10) 1970년대 발달심리학자인 존 플라벨(J. H. Flavell)에 의해 만들어진 용어로 '자신의 생각에 대해 판단하는 능력'을 말한다.

Chapter 11 전투력 상실

11) 한자의 찰 만자와 영어의 레벨의 합성어로 게임 등에서 사용되는 신조어. 캐릭터나 아이템 스킬 따위가 최대치에 다다른 상태를 의미한다.

12) 아프리카 요루바 부족의 언어로 '삶은 계속된다'는 뜻. 1968년 발매된 비틀즈의 10번째 정규 앨범 수록곡으로 더욱 유명해졌다.

Chapter 12 부모는 관찰하는 사람

13) 미국 정신질환 진단 및 통계 매뉴얼인 DSM-5의 개정에서 의사소통의 결함은 질적 결함을 포함한다는 견해에 따라 질적이라는 표현이 삭제되었습니다. 하지만 저는 여전히 의사소통의 질적 결함이 자폐 스펙트럼 장애 학생의 의사소통 특성을 더 잘 표현한다고 생각하여 이 책에서는 (질적) 결함이라고 표현합니다.

Chapter 13 내 아이는 명품인가요

14) tvN, 유 퀴즈 온 더 블록, 2019. 6. 28. 방송분 참고.

Chapter 14 특수학교와 특수학급, 어디로 보낼까요?

15) 특수교육 대상자 배치현황을 보면 전체 103,695명(100%) 중 특수학교 28,233명(27.2%), 특수학급 57,948명(55.9%), 일반학급 17,514명(16.9%)로 나타난다. 국립특수교육원,《특수교육 연차보고서》, 2022.

Chapter 15 최소 제한 환경? 최대 아동 중심 환경!

16) 미국 공법의 번호 체계, 94-142라고 하면 1994년도에 발의된 142번째 법안을 의미한다.

17) 보완대체의사소통(Augmentative and Alternative Communi-cation, AAC): 의사소통을 하기 어려운 사람들이 몸짓과 사진, 그림을 이용해 비장애인들에게 자신이 하고 싶은 말을 전달할 수 있도록 하는 것을 통칭한다.

Chapter 17 힘 싸움을 하면 안 되는 이유

18) 태국에서 실시되는 코끼리의 성년식을 일컫는 말이다.

Chapter 18 부모, 그 위대한 이름

19) 2016년 미국에서 개봉한 영화로 나사에 입사한 3명의 흑인 여성의 인종차별 극복기를 다루었다.

20) 2012년부터 26부작으로 EBS에서 방영된 TV 만화 머털도사의 이야기. 주인공인 머털이는 누덕도사의 제자이다. 머리털을 세우고 한 올 뽑아 '후' 하고 불면 신기한 능력이 생긴다.

Chapter 27 오지랖 선생

21) 제주 MBC 찾아가는 톡톡카페 https://youtu.be/zerrnvyFwE8
유튜브 검색창에 '찾아가는 톡톡카페 시즌2'로 검색하면 두 번째 주제 '잇는 사람들'에서 다시 볼 수 있다.

22) 제주시 소통협력센터 제주 생활 탐구 프로젝트 2기, 팀명: 프로젝트 3go, 보고서 《가치걸음》 참고.

23) 이음 카카오채널 구독자 수 기준(카카오톡에서 '함께걷는기쁨'을 검색하여 채널을 찾을 수 있다.).

Chapter 29 제발, 밥값 좀 하자

24) 2019년 8월 JTBC에서 방영된 16부작 드라마의 남자 주인공으로 이름은 손범수, 직업은 PD이다. 해당 대사는 범수가 신인 작가인 진주에게 같이 일해보자고 설득하는 과정에서 나온다.

Chapter 32 발달장애인의 적합 직종을 찾아서

25) 2018년 경주에서 시작하여 현재 서울, 경기, 경주에서 운영 중인 청각장애인 기사가 운행하는 택시.

국가가 아이들을
책임지는 나라를 꿈꾸며

2022년 5월 23일, 서울 성동구에서 엄마가 6세 발달장애 아들을 안고 투신하여 숨지는 일이 있었습니다. 같은 날 인천 연수구에서는 60대 엄마가 30대 장애인 딸을 살해 후 자살하는 데 실패했습니다. 그 어머니는 본인의 대장암 진단을 받은 후였다고 합니다.

사실 장애인과 가족의 극단적인 선택은 어제오늘의 일은 아닙니다. 전국의 장애인 관련 단체들이 주장하는 '발달장애인 국가책임제'는 이러한 비극을 막기 위한 것입니다. 저는 특수교사로서 이런 소식에서 자유롭지 못합니다. 저 또한 저보다 먼저 보낸 제자를 마음에 묻었기 때문입니다.

정부에서는 탈시설을 이야기합니다. 인간답게 살 권리를 주장합니다. 그런데 한쪽에서는 발달장애인 부모님들이 탈시설을 반대합니다. 그 가족들의 살 권리를 주장합니다. 저는 이 모든 것의 답은 국가에 있다고 생각합니다. 24시간 돌봄센터를 중심으로 하는 실효성 있는 발달장애인 지원 정책이 세워지기를 진심으로 요청해봅니다.

책을 마무리하는 시점이 되니 기분이 오묘합니다. 살면서 꼭 해보고 싶은 버킷리스트 가운데 하나가 내 이름으로 된 책을 내는 일이지만 모든 순간 행복하지는 않았음을 고백합니다. 여러 고마운 분의 도움이 없었다면 결단코 하지 못했을 일입니다. 글을 쓰는 동안 배려와 지원을 아끼지 않으신 김지희 편집장님과 한그루 출판 가족들에게 감사한 마음을 전합니다. 또한 출간의 기회를 주신 제주도교육청에도 감사를 드립니다. 추천사 부탁에 흔쾌히 수락해주시고 진심의 축하와 추천을 해주신 박지은 이사장님과 교장 선생님들, 학부모님들께도 감사드립니다. 추천사를 읽으며 저 스스로 얼마나 사랑받는 사람이며 행복한 특수교사인지 자각하는 기회가 되었습니다. 그리고 이 모든 이야기를 만들어가는 사랑하는 특별한 보통 아이들과 그 부모님들께도 감사드립니다. 제주도에서 함께 특수교육을 일궈가는 동료 교사들과 이음 선생님들에게 특별히 고마운 마음을 전합니다.

창작은 고통스러웠으나 결과는 보람됩니다. 저는 이 책을 보고 또 볼 것 같습니다. 그리고 이야기 속의 주인공인 아이들을 추억할 것입니다. 이 추억은 다시 지금의 아이들과 미래에 만날 아이들을 위한 소중한 밑거름이 되겠지요. '조금씩 그리고 점점[poco a poco]' 이 우리에게 주는 메시지는 사실 장애 학생들에게만 특정 짓지 않습니다. 현대를 살아가는 우리 모두를 위한 말이기도 합니다. 당장 저부터요. 저부터 '조금씩 그리고 점점'을 삶에서 실천하겠습니다.

사람들은 큰 성취를 동경하고 기억에 남는 사람이 되기를 원하지만 저는 작은 일에 집중하고 소중함을 깨닫는 삶을 살고 싶었습니다. 이 책이 작지만 소중한 그들에게 어떤 의미를 줄 수 있으면 더 바랄 것이 없습니다.

"지극히 작은 것에 충성된 자는 큰 것에도 충성된다."
(누가복음 16:10 상반절)

2022년 깊어가는 가을날

황현철 올림

서로를 이해하고
위로하는 책

박지은

금오학숙 이사장

책을 출간하시는 황현철 선생님께
진심으로 감사와 축하의 마음을 드립니다. 따뜻한 이야기를 글로
엮어 많은 사람들과 나눌 수 있는 기회를 주셔서 참 고맙습니다.
선생님이 제주영송학교에 계셔서, 그리고 변함없이 노력해주셔서
감사합니다.

추천사 요청을 받고 가장 기뻤던 것은 이 책이 세상에 나오기 전
먼저 원고를 읽을 수 있는 기회를 얻었다는 것입니다. 원고를 읽는
동안 책의 제목처럼 poco a poco(조금씩 점점) 가슴이 뭉클해지고
따뜻해지는 경험을 할 수 있었습니다. 이 책에는 황현철 선생님께
서 직접 경험하신 일들이 편안하고 따뜻하게 글에 녹아들어 있어
웃음과 눈물을 동시에 가져오는 경험을 할 수 있었습니다. 글을 읽

는 내내 같이 교육현장에 있는 것처럼 생생하게 장면이 떠오르며 아이들을 향한 선생님의 사랑과 열정을 느낄 수 있었습니다.

교육은 시대의 변화와 사회의 흐름을 반영하여 학생들의 미래를 대비해주는 역할을 수행해야 합니다. 아울러 우리 제주영송학교의 학생들은 더 다양하고 특별한 교육적 요구를 가지고 있기에 따뜻한 가슴과 전문성을 두루 갖춘 선생님이 필요합니다. '삶으로 가르치는 교육'이라는 선생님의 교육철학은 우리 학생들이 일상을 영위해 나갈 수 있도록 하는 특수교육의 방향과 맞닿아 있습니다.

디지털시대에 온라인 소통의 중요성이 커짐에 따라 의사소통의 형태가 다양화되고, 자신을 보호하기 위해 스스로 소통을 단절하고 있는 시대에 장애가 있는 우리 학생들과 가정은 어려움이 가중되리라 생각합니다. 이러한 단절을 극복하고 학생들의 가정과 이어지고자 하는 이음 활동은 절실하다고 생각합니다. 이 글이 학생, 학부모 그리고 교사들이 서로를 잘 이해하고 위로하는 선물이 되기를 희망합니다.

우리 법인은 다음 세대를 위한 일에 최선을 다하고 있습니다. 특히 특수교육 대상자를 위해 함께 교육받을 권리에 대한 사회적 책임을 느끼고 제주영송학교를 설립하게 되었습니다. 앞으로도 우리 학생들과 가족들을 위해 공감하고 소통하는 신뢰받는 학교로 나아가도록 노력하겠습니다. 이 책을 통해 장애학생의 가능성, 보호자의 노고와 특수교사들의 노력들을 알림으로써 특수교육에 대한 이해가 높아지기를 바랍니다. 감사합니다.

아름다운 사람,
향기로운 책

백차기
제주영송학교장

아름다운 사람이 지난 자리에는 향기가 남는다고 했습니다. 황현철 선생님이 그런 사람입니다. 그가 지난 자리에는 늘 향기가 남습니다. 학교에서 어렵고 힘든 일, 새롭게 생긴 일은 언제나 그의 몫입니다. 어떤 일도 믿고 맡길 수 있는 듬직한 사람, 그래서 교상으로서 참 고마운 사람입니다. 그런 그가 이번에 책을 출간한다고 하니 너무 기쁩니다. 그간 교직에 있으며 만났던 아이들과 부모님들 그리고 동료 교사들을 아울렀다고 합니다. 역시 황현철 선생님이다 싶었습니다. 원고를 받고 읽으며 흐뭇한 미소가 떠나지 않습니다. 후배 교사이지만 저 또한 배울 것이 분명 있습니다. 원고를 읽는 시간이 참 행복했습니다. 기쁜 마음으로 짧은 소감을 전해봅니다.

〈제1부 특별한 보통 아이들〉은 그간 선생님이 만나고 지도했던 아이들의 이야기를 실었습니다. 특수교육 현장에서 이루어지는 달콤쌉싸름한 이야기들이 가득합니다. 그러면서도 그 안에 '괜찮아'를 전하는 선생님의 토닥임이 있습니다.

〈제2부 부모가 되다〉에서는 부모님들의 마음을 위로합니다. 자녀가 어린 부모님들에게는 '잘 할 수 있다!'라는 격려와 안내서가 될 것입니다. 성장기 자녀를 키우고 있는 부모님들에게는 '그래, 맞아, 나도 혼자가 아니구나.' 하는 위로를 전합니다. 자녀를 다 키워내신 부모님들에게는 흐뭇한 미소를 짓게 합니다.

〈제3부 특수교사의 길〉에는 동료 교사들의 애환과 선생님의 교육철학이 녹아 있습니다. 특수교사로서의 사명과 또 어려움을 극복하기 위한 다양한 시도와 노력이 담겨있습니다. 그의 노력은 아직도 현재 진행형입니다. 그래서 선생님은 오늘도 이음을 하고 있나 봅니다. 그의 발걸음을 응원합니다.

이 책을 접하는 분들에게 강력 추천합니다. 당신이 꼭 특수교육과 관련된 사람이 아니어도 괜찮습니다. 책에 녹아 있는 '조금씩 그리고 점점'의 메시지가 당신의 마음을 감동하게 할 것입니다. 그리고 어렵고 힘든 처지에 있는 당신에게 '괜찮아'라는 위로를 전할 것입니다. 전혀 다른 세계의 이야기라고 생각했던 것이 나와 같은 시대에 밀접하게 연결된 이야기라는 것을 깨닫게 될 것입니다.

깊어가는 가을, 저는 올해로 35년간의 교직 생활을 마치고 학교를 떠납니다. 하지만 황현철 선생님 같은 후배가 있어 안심하고 떠날 수 있습니다. 오히려 더 큰 희망과 기대를 볼 수 있음에 감사합니다.

진심으로 그린 깊은 이음은
눈이 부시다

양복만
제주영지학교장

단풍이 붉게 물든 가을 풍경 속, 숲 속의 화려함만큼이나 스펙트럼이 넓고 깊은 선생님을 만났다. 높은 하늘과 시원함, 화려함이 공존하는 가을을 닮은 이로 다가왔다. 아이들의 행동 속에 자리한 마음을 찾아 온몸으로 마주하는 선생님으로 기억된다. 시간이 지나면서 그에게서 느껴졌던 것들이 특수교육을 넘어선 인문학이면서 철학으로 다가왔다.

화가가 각고의 붓 터치로 사람의 마음을 움직이는 예술작품을 탄생시키듯, 교실 수업에서부터 아이들의 미래를 위한 일자리와 부모님들의 아픈 마음조차 밝은 시선으로 바라보며 이끌어간 이야기들이 쌓여 한 권의 책이 된 교육 현장의 이야기를 보면서 적잖이 놀라지 않을 수 없었다. 한 쪽 한 쪽 그 어느 곳에서도 헛되이 흘러

가는 시선이 머무는 곳이 없었다. 그 여운에 잠시 상념에 빠지기도 하고, 선생님의 마음에 닿아 간혹 눈가가 촉촉해지기도 했다.

열정이 넘치는 특수교사라고만 말하기에는 모자란 듯하다. 그의 글에는 잔잔한 감동이, 진한 진정성이 함께 녹아들어 있다. 우선 교육 현장의 이야기를 내실 있고 매끄럽게 끌어낸다는 것은 아이들에 대한 사랑과 열정이 없이는 매우 힘든 일이다. 아니, 불가능하다는 것을 글을 써본 사람이라면 공감할 수 있을 것이다. 얼마나 많은 열정을 쏟았는지 가늠하게 하는 그의 글을 정독하면서 나의 지난 시간을 되돌아보는 시간이 되기도 했다.

어떠한 삶을 살아가든 정체성의 형성에 어려움을 가지고 있는 사람은 미래로 나아가기보다는 현실에 안주하려 하기 마련이다. 앞서 특수교육을 걸어온 선배로서 미래로 나아가는 그의 글이 각별하게 다가오는 것은 훌륭한 후배를 바라보는 든든함인지도 모르겠다. 언젠가부터 열심히 사는 사람보다 정성껏 사는 사람들에게 끌리게 되었는데, 그의 글에서도 중용 23장이 잘 묘사된 것을 보고 동질감에 슬그머니 미소가 지어졌다.

이 글을 읽는 독자들은 특수교육을 미화하거나 과장하지 않으면서 객관적인 시각을 가지려 노력한 그의 성실함과 미미한 것에도 정성을 다하는 철두철미한 그의 태도에 아름다운 사유와 온기를 교감하게 될 것이다.

그의 글을 다 읽고 나서 나도 모르게 오래된 제자에게 안부 전화를 거는 나를 보게 되었다. 그가 제자에게 "평생 너의 담임으로 남겠다."고 한 숭고한 약속이 내 마음을 움직였을 것이다. 제자의 삶에 관한 이야기를 듣고 다시 한번 안타까운 마음이 들었다. 학교를 졸업하고 나서 장애 성인들이 지역사회에 적응하고 살아가기 위한 1:1의 맞춤형 지원책이 없는 사회시스템에 대해 미안한 마음이 들었다.

"우리는 자신의 상처를 잊기 위해 다른 사람의 상처를 돌봅니다. 그러다 보면 누구의 도움 없이도 홀로 설 수 있게 됩니다." 엘리자베스 퀴블러 로스·데이비드 케슬러의 《인생 수업》에 나오는 글처럼 우리는 다른 사람의 상처를 치유하는 과정에서 자신도 치유할 수 있게 된다. 많은 사람이 함께 괜찮은 사람으로 어우러져 잘 살아갈 수 있는 사회가 '조금씩 그리고' 점점 퍼져나가는 데 그의 진심이 이어져가기를 기대해본다.

긍정 에너지가
poco a poco 널리 퍼지기를

신혜란
학부모

아이가 전공과에 들어가면서 선생님과의 인연이 시작되었다. 선생님은 혼자 버스를 타고 자가통학할 수 있도록 교육을 해보자 하시며 밝게 웃으셨다. 할 수 있는 데까지 하면 된다고.

'아, 선생님. 그게… 그렇게 쉬운 일이 아니랍니다.'

때로 뻔히 보이는데도 못 본 척 미스를 돌려 가버리는 기사님 뒤로 무안해하는 선생님을 보게 될 때 내 마음도 쓸쓸했다. 버스기사의 행동도 이해되었다. 불편하겠지. 다른 승객들 생각도 해야겠지…. 아이와 불편해하는 사람들 사이에서 자주 방향을 잃곤 하던 나와는 다르게 선생님은 한 달여 동안 하루도 빠짐없이 버스기사님께 양해를 구하고 싫은 소리 들어가며 아이를 버스에 태워 보내셨다. 선생님은 그런 분이셨다.

이번에 선생님이 특수교육에 몸담으며 느꼈던 소회와 경험들을 모아 책을 내었다. 《Poco a Poco, 조금씩 그리고 점점》, 저자가 평소 지향하는 것들이 살짝 엿보이는 제목부터 마음에 와닿았다. 우리 아이들과 '힘 싸움을 하면 안 되는 이유'를 서술한 부분을 읽으면서는 여러 번 스스로에게 질문할 수밖에 없었다.

힘으로는 왜 원하는 행동을 이끌어내기 어려운가
표현능력이 부족한 우리 아이에게는 감정도 없을까
원하는 행동을 얻기 위해 나는 얼마나 인내하고 있나
너무 쉽고 빠른 길만을 원하고 있지 않은가

선생님의 교육철학과 평소 성품이 배어나는 이 책이 특수교육의 세례를 받는 우리 학부모들이나 관계자들에게는 물론이고 일반독자들에게도 널리 알려져 읽혔으면 좋겠다. 그래서 삶을 대하는 긍정적 태도와 건강한 낙관주의가 poco a poco 널리 퍼지면 우리 앞에 더 좋은 세상이 펼쳐질 것 같다.

poco a poco, 정말 경쾌하며 긍정 에너지를 전파하는, 선생님을 닮은 말인 것 같다.

보고 또 보고,
또 꺼내 보게 되는 책

고은아
학부모

poco a poco~ 반복, 반복~
내 아이의 장애를 인정하고
우울했던 과거를 회상하며
펑펑 울게 하고
"지금 잘하고 있어!" 나 스스로를 토닥이며 미소 짓게 하고
"앞으로도 잘할 수 있어!"라고 주문하며 웃게 하는 책.
그 곁에 특수교사 선생님들이 함께 있다니 든든합니다.

이 책은 향 좋은 차를 마시듯
음미하고 마음 가는 대로 생각하게 하는 책이네요.

미소 노란 동글이

수호가 요즘 칼림바를 배우는데 악보에서 poco a poco를 보고 그 뜻을 알고 난 후

딱 우리 애들이네? 하며 엄마들이랑 우스갯소리도 했었는데 이 단어가 책 제목이라니,

몇 번을 쉬어가며 읽고 종종 다시 꺼내 보아도 힘이 되고 위안이 될 것 같아요.

수호도 고학년이 되어 가고 저 또한 고학년 학부모가 되어 가며 선생님들에 대한 믿음도 자라고 그 믿음이 쌓여 아이가 자란다는 걸 알았네요.

요즘 젊은 학부모들은 어떤지 모르겠어요.

서로 소통 잘 해서 정말 영송 가족이라는 울타리에 따뜻함을 느꼈으면 좋겠어요.

이 책이 그 길라잡이를 잘해줄 것 같아요.